Karl Oppel

Bilder aus dem Orient II: Die Eröffnung des Sueskanals

Karl Oppel

Bilder aus dem Orient II: Die Eröffnung des Sueskanals

ISBN/EAN: 9783742837257

Hergestellt in Europa, USA, Kanada, Australien, Japan

Cover: Foto ©ninafisch / pixelio.de

Manufactured and distributed by brebook publishing software (www.brebook.com)

Karl Oppel

Bilder aus dem Orient II: Die Eröffnung des Sueskanals

Welt der Jugend. VI.

Einweihung des Suezkanals.

Leipzig: Verlag von Otto Spamer.

Welt der Jugend No. 24.

Bilder aus dem Orient.
II.
Die Eröffnung des Sueskanals.
Von
Dr. Karl Oppel.

Der Walfischfang in der Südsee.
Von
Seekapitän E. Lehmann.

Orangen und Goldäpfel.
In den Fruchtgärten der Westtropen.
Schilderungen aus der Pflanzenwelt.
Von
Franz Engel.

Mit etwa 20 Text-Abbildungen und einem Tonbilde.

Leipzig.
Verlagsbuchhandlung von Otto Spamer.
1871.

Ansicht von Sues, der Stadt.

Bilder aus dem Orient.

Die Eröffnung des Sueskanales.
Von Dr. Karl Oppel.

1. Die neue Aera im alten Wunderlande.

Wie hat sich doch seit meinem ersten Aufenthalte in Aegypten, vor etwa einem Jahrzehnt, dort inzwischen Alles verändert! — Gleich beim Aussteigen im Bahnhofe zu Kairo, wenn man auf der Eisenbahn von Alexandrien her dort eintrifft, merkt man die zahlreichen Spuren des Fortschritts in der vom Vizekönig so beschleunigten Civilisation jenes Landes. Der freundliche Leser, welcher der Erzählung meiner ersten Reise in das Wunderland der Pyramiden gefolgt ist, wird sich gewiß noch erinnern, welch wichtige Rolle unter Anderem für den persönlichen Verkehr, besonders im Interesse der Fremden, die Eselbuben mit ihren Eseln spielten! Waren doch damals die Esel das einzige Beförderungsmittel für Alle, die nicht zu Fuße gehen wollten, oder im fremden Lande noch nicht Bescheid wußten! — Heute findet man aber im Bahnhofe neben den Eseln zahlreiche Droschken und Omnibus, dazu auch andere Einrichtungen, welche (ein wenig Unordnung im Ausladen und Abliefern des Reisegepäckes abgerechnet) den Europäer kaum einen sonderlichen Unterschied mit dem Treiben an europäischen Bahnstationen wahrnehmen lassen.

Das Erste, wonach ich mich, kaum bei meiner zweiten Ankunft in Kairo ausgestiegen, schleunigst umsah, war der Packwagen des Zuges, um meine Sachen, noch ehe sie in das bunte Durcheinander aller Güter geworfen wurden, wo möglich herauszufinden. Eben so schnell sorgte ich alsdann für eine Droschke und ließ mich in die Stadt nach einem Gasthofe an der meinen Lesern gewiß noch wohlbekannten Esbekieh fahren. Es überkam mich ein eigenthümliches Behagen, als ich das Getümmel der Stadt wieder sah, als die Eselbuben mit ihrem lauten „Ruah! Ruah!" (Achtung!) an mir vorüberjagten, und als ich bei meinem ersten Ausgange mich wieder mit Mühe durch die engen Straßen und das Gedränge der Einwohner drücken mußte. Kairo mag wol in runder Summe 400,000 Einwohner zählen; wie viel es jedoch in Wirklichkeit hat, weiß Niemand, denn der Koran verbietet, die Menschen zu zählen. Aber wenn Ismail Pascha fortfährt, wie er begonnen, sein Land zu kultiviren, dann wird die Welt über kurz oder lang auch noch hören, wie viel Menschen wirklich in Kairo leben. Dieser gegenwärtige Beherrscher Aegyptens, seit 1863 Vizekönig des alten Wunderlandes, ist als warmer Anhänger europäischer Bildung und Gesittung, welche er aus einem längeren Aufenthalte zu Paris kennen lernte, in jeder Richtung bestrebt, sein Land nach modernem Zuschnitt in die Reihe der kultivirten Staaten einzuführen. Hat er doch bereits viele tausend Chassepotgewehre angeschafft, mehrere Panzerschiffe und eine beträchtliche Zahl Armstrongkanonen, ja seit 1866 seine Unterthanen auch mit Einführung der allgemeinen Wehrpflicht beschenkt. Noch mehr! Im November desselben Jahres hat er sogar eine Notabelnversammlung eröffnet, eine Art Abgeordnetenhaus, mit öffentlichen Sitzungen und aus 75 Mitgliedern bestehend, bei deren Wahl die Religion kein Hinderniß bildet. Die erste der Sitzungen begann freilich in etwas ungewohntem Stile. Es war nämlich den ägyptischen Notabeln zu Ohren gekommen, daß die Freunde der Regierung auf der rechten Seite des Hauses ihre Plätze einzunehmen pflegen, und da sie nun sämmtlich Freunde der Regierung waren oder doch sein wollten, so suchten sie allesammt auf jener Seite Platz zu finden. Leider waren jedoch im ganzen Saale überhaupt nur 75 Sitzplätze angebracht, und so entstand denn vor der ersten Session ein gewaltiges Ringen, ein förmlicher Kampf um die Plätze zur Rechten, mit dem Ergebniß, daß die körperlich Schwächeren sich mit den Oppositionsplätzen zur Linken begnügen mußten. — Noch in einer anderen Richtung zeigt sich der Einfluß der modernen Kultur, denn — Wunder über Wunder, — in Kairo ist jetzt auch, dem Koran zum Trotz, sogar ein Theater eingerichtet, und der Pascha hat sogleich die artige Summe von zwei Millionen

Francs für die erste Organisation dieser neuen Schöpfung bewilligt. Drauet Bey, welcher damit betraut ist, hat in Paris für 300,000 Francs Kostüme bestellt und — auch ein Ballet von 54 Tänzerinnen engagirt. —

Aber was Ismail Pascha mehr als alles Andere würdig macht, in die Reihe der europäischen Regenten einzutreten, ist seine Fertigkeit in der Kunst, Staatsanlehen aufzunehmen und Staatsschulden zu machen. Dies versteht er bereits so gut, wie irgend ein christlicher Herrscher. Aegypten hat sich im Verlaufe weniger Jahre eine Schuld von nahe an 300 Millionen Thalern zugelegt, während seine gesammten jährlichen Einkünfte nicht viel mehr als dreißig Millionen betragen.

Auch für die Reisenden ist gar Manches besser geworden. Die Gasthöfe sind nach abendländischem Stile eingerichtet, und man bedarf, um ruhig zu schlafen, nicht mehr so großer Mengen persischen Insektenpulvers, wie zur Zeit meines ersten Aufenthaltes an den Fluten des heiligen Nil. Desgleichen hat auch die öffentliche Sicherheit auf den Verkehrsstraßen zugenommen. Ohne Sorge und Gefahr kann man jetzt die alten ehrwürdigen Denkmäler über und unter der Erde im ganzen Nilthale besuchen, — vorausgesetzt freilich, daß man mit einem geladenen sechsläufigen Revolver versehen ist und einen Dolch sichtbar im Gürtel trägt.

Jene Denkmäler zu besuchen war indessen nicht der Zweck meiner neuesten Reise in das alte Wunderland. Dieses Mal wollte ich vielmehr ein Wunder der Baukunst des neunzehnten Jahrhunderts anschauen, den vielbesprochenen, berühmten Sueskanal, der das Mittelmeer und das Rothe Meer mit einander verbindet und in gewisser Richtung einen bedeutenden Einfluß auf die Handelsverhältnisse Europa's ausüben wird. Ein Segelschiff von London nach Kalkutta braucht auf der bisherigen Route um das Vorgebirge der guten Hoffnung nicht weniger als fünfzehn Wochen; durch Benutzung des neuen Kanales wird ein Dampfboot von Benedig aus dasselbe Ziel in fünf Wochen erreichen können. Von London nach Australien brauchte man um die Südspitze Afrika's siebzehn Wochen, die Benetianer werden mittels eines Dampfers und auf dem Wege des Sueskanals binnen sieben Wochen in Sydney eintreffen.

Die Bedeutung der hier in Rede stehenden künstlichen Wasserstraße war übrigens schon in alten Zeiten erkannt. Es ist ziemlich ausgemacht, daß die Juden beim Auszug aus Aegypten ihren Weg an der Seite dieser Kanalstrecke nahmen. Allerdings bildete der ehemalige Kanal, den die alten Aegypter gegraben hatten, nicht gleich dem heutigen eine unmittelbare Verbindung des Mittelmeeres mit dem Rothen Meere. Hieran war ihnen weniger gelegen; für sie hatte vielmehr zunächst die Verbindung des Nil mit dem Rothen Meere Werth, in zweiter Linie erst die daraus folgende Verbindung des Mittelmeeres mit dem Arabischen Meerbusen. Ihr Kanal ging also von dem Nil bei der Stadt Bubastis ostwärts nach dem Krokodilsee, von hier nach Süden durch die beiden Bitterseen, endlich bei Arsinoë, dem heutigen Sues, in das Rothe Meer. Es wäre den Juden durchaus unmöglich gewesen, in der wasserlosen Wüste Wochen und Monate lang hin zu ziehen, sie mußten sich vielmehr an der Seite des

Kanals halten. Sicherlich war dieser alte Kanal schon zur Zeit des großen Sesostris im Gebrauch, und dieser benutzte ihn auch, um Schiffe von dem Mittelmeer nach dem Rothen Meere zu befördern. Im Verlaufe der Zeit muß aber die alte Wasserstraße vernachlässigt worden sein, denn um das Jahr 600 v. Chr. ging Neko an die Ausführung des Planes, den versandeten Kanal wieder aufgraben zu lassen. Bei diesem Unternehmen kamen infolge des Wassermangels, wie sonstiger Entbehrungen, an 120,000 Menschen um das Leben. Dennoch gab Neko trotz aller aufgewendeten Opfer das angefangene Werk wieder auf, als man ihn darauf aufmerksam machte, daß der Kanal möglicher Weise einem andringenden Feinde vom Rothen Meere aus den Einfall in Aegypten erleichtern könnte. Um das Jahr 500 aber vollendete der Perserkönig Darius die Ausgrabung der Wasserstraße.

Etwa zweihundert Jahre später, 285 Jahre v. Chr., beschäftigte sich König Ptolemäos Philadelphos und im Anfang des zweiten Jahrhunderts nach Chr. Kaiser Trajan mit dem alten Plane, den Kanal von Neuem fahrbar zu machen und seine Ausbaggerung zu bewerkstelligen. So blieb über tausend Jahre hindurch, von 260 v. Chr. bis 767 nach Chr., der Kanal mit sehr geringen Unterbrechungen fortwährend im Gebrauch, bis ihn im letztgenannten Jahre der Khalife Al-Mansur verschütten ließ, um einer aufständischen Armee in Arabien die Zufuhr aus Aegpten abzuschneiden. Von einem späteren Unternehmen, die Strecke zwischen Sues und dem Krokodilsee aufzugraben, stand der Khalife Amru wieder ab, als man ihm mittheilte, der Spiegel des Rothen Meeres sei um 10 Meter höher als das Niveau des Nil, weshalb gefährliche Ueberschwemmungen sehr leicht entstehen könnten. Trotz der nun fortdauernden Verschüttung des künstlichen Wasserweges nahm der Handel nach Indien immer noch eine Zeit lang seinen Weg durch jene Gegend; doch verlor sich allmählig diese Gewohnheit, und man schlug zu Ende des zwölften Jahrhunderts eine Zeit lang die Route über Syrien und Persien ein. Im darauf folgenden Jahrhundert verlegten jedoch die Venetianer ihren indischen Handel, welchem sie ihren großen Reichthum und ihr hohes Ansehen bei allen europäischen Völkern verdankten, wieder auf den alten Weg über das Rothe Meer. Da traf sie plötzlich ein harter Schlag; der Seeweg nach Indien, um das Vorgebirge der guten Hoffnung, wurde entdeckt und dadurch der Hauptwaarenzug des indischen Handels in eine neue Bahn gelenkt, deren Benutzung hauptsächlich den Portugiesen zu Gute kam. Nichts war in dieser Lage für die Venetianer natürlicher als eine Erneuerung der künstlichen Wasserstraße zwischen dem Mittelländischen und dem Rothen Meere; sie vermochten jedoch bei diesem Unternehmen allerlei technische Schwierigkeiten und Hindernisse nicht zu überwinden, und so blieb der ehemalige Glanz des stolzen Venedig dauernd erloschen.

Im vorigen Jahrhundert machte der berühmte deutsche Gelehrte Gottfried Wilh. v. Leibnitz von Neuem auf Aegyptens große Bedeutung für den Welthandel aufmerksam und suchte, namentlich bei dem Könige Ludwig XIV. von Frankreich, die Idee einer neuen Ausführung des alten Kanalweges in Aegypten wiederholt anzuregen. Seine Mahnungen verhallten jedoch und wurden als Grillen eines unpraktischen deutschen Gelehrten nicht weiter beachtet. Dagegen faßte Napoleon I. während seines Aufenthaltes in Aegypten im Jahre 1798 den alten Plan einer künstlichen Wasserstraße zwischen dem Rothen und dem Mittelmeer mit besonderer Vorliebe auf und ließ auch durch Geometer unter Leitung seines ersten Ingenieurs Lepère zu solchem Zwecke sorgfältige Vermessungen vornehmen. Persönlich verfolgte er sogar die Spuren des alten Pharaonenkanales, indem er eine große Strecke weit in dem Bette desselben hinritt. Indessen die nur wenig genauen Untersuchungen seiner Ingenieure, allerdings mit nur mangelhaften Instrumenten angestellt, führten zu dem Ergebniß, daß der Wasserstand des Rothen Meeres um elf Meter (an 35 Fuß) höher wäre als das Mittelmeer. Da man hiernach im Falle der Ausführung des Kanales befürchten mußte, daß die im Rothen Meere angestauten Wassermassen zu rasch nach dem Mittelmeer abströmen und infolge dessen der kaum gegrabene Kanal alsbald wieder versanden würde, so ließ man damals das Projekt fallen.

2. Natürliche Landenge und künstliche Wasserstraße.

Der Mangel einer direkten Verbindung zwischen dem Mittelmeere und dem Rothen Meere ist in unsrem Jahrhundert vornehmlich für die Engländer fühlbar geworden. Als sie in einen lebhafteren Waarenaustausch mit Australien traten und als überhaupt der europäische Verkehr mit Indien, Persien und China von Jahr zu Jahr sich erweiterte, da gestaltete sich die Langwierigkeit der gewöhnlichen Seeverbindung immer peinlicher. Wenn z. B. in Indien ein Aufstand ausbrach, so konnte hiervon die Regierung in London auf dem gewöhnlichen Seeverbindungswege erst nach vier Monaten erfahren, und dann währte es abermals mindestens vier Monate, bis der erste entsendete Soldat seinen Fuß auf indischen Boden setzte. Das Bedürfniß einer kürzeren und schnelleren Verbindung zwischen dem Abend- und Morgenlande machte sich unwiderstehlich geltend. Zur nächsten Abhülfe desselben richtete man in den Dreißiger Jahren dieses Jahrhunderts zuvörderst eine sogenannte Ueberlandpost ein. Die Schiffe gingen von Indien nach Sues, wo eine Kameelpost die Briefe übernahm, um sie schleunigst nach Alexandria zu bringen; hier aber stand schon ein Schiff bereit, welches mit den erhaltenen Briefen sofort nach Europa in See stach. Auf solche Weise hatte man wenigstens die Dauer des Briefverkehres thunlichst abgekürzt, wenn auch Waaren und Personen von dieser Einrichtung keinen Gewinn hatten. — Es sollte aber noch mehr geschehen. Die Engländer übernahmen es, eine Eisenbahn von Alexandria nach Kairo und später von Kairo nach Sues zu bauen, so daß wenigstens die Reisenden nunmehr auf kurzem Wege und mit geringem Zeitverlust an das Rothe Meer gelangten. Für den größeren Güterverkehr war indessen hierdurch so viel wie nichts gewonnen. Denn um z. B. den Waareninhalt eines aus Indien vor Sues angekommenen Schiffes hier in die Eisenbahnwagen zu verladen, bedurfte es wieder Kräfte und eines Aufenthaltes von mindestens drei bis vier Wochen. Waren aber die Güter auf der

Eisenbahn in Alexandria angelangt, so mußten sie dort abermals mit nicht geringerem Zeit- und Kostenaufwand in Schiffe verpackt werden. Durch dieses doppelte Umpacken ging nicht nur der ganze Gewinn an Zeit (gegenüber dem längeren Seewege um das Kap) beinahe völlig verloren, sondern es entstanden auch aus dem mühseligen Umladen der Gütermassen sehr bedeutende Unkosten.

Karawanenzug mit indischen Waaren auf der alten Handelsstraße durch die Wüste.

Einen Kanal durch die Landenge von Sues zu ziehen, schien jedoch den Engländern nicht rathsam, und zwar aus dem einfachen Grunde, weil sie sich sagten, daß bei allem Gewinn, den sie selbst von solcher Wasserstraße sich versprechen durften, doch andere Nationen noch weit größeren Vortheil davon haben würden.

Im Jahre 1846 trat eine Gesellschaft europäischer Ingenieure, Negrelli aus Oesterreich, der Engländer Stephenson und Talabot aus Frankreich zusammen, und zu ihnen gesellte sich noch der Aegypter Linans Bellefonds Bey. Diese Männer untersuchten abermals und zwar möglichst genau das Terrain und fanden, daß das Rothe Meer nicht um elf Meter, sondern nur um wenige Zoll (etwa 16 Centimeter) höher läge als das Mittelmeer. Hierdurch war nun das wesentlichste Bedenken gegen den Kanalbau, welches man bisher in dem verschiedenen Wasserspiegel der beiden zu verbindenden Meere gefunden hatte, gründlich beseitigt. Aber nun geschah das Unerwartete, daß sich gerade dieses Umstandes halber einer der genannten Ingenieure, nämlich der Engländer Stephenson, gegen die Ausführbarkeit des Unternehmens erklärte.

Wüstenpost von Kairo nach Suez.

Nach seiner Ansicht sollte nämlich die ermittelte, fast völlige Gleichheit in den Wasserspiegeln der beiden Meere auch einen mehr oder weniger ruhigen Stillstand des zwischen ihnen befindlichen Kanalgewässers zur Folge haben, während doch gerade eine stete Strömung im Kanale allein die zu befürchtende Versandung oder Verschlämmung dauernd hindern könne. Zu solchen Bedenken kamen noch die Unruhen des Revolutionsjahres 1848 hinzu, welche allen größeren Unternehmungen sich ungünstig erwiesen, und so blieb die Sache abermals ruhen, bis im Jahre 1854 ein kühner und energischer Geist sich ihrer Förderung mit dem höchsten Interesse annahm.

Der geniale Schöpfer des heutigen Kanales, Ferdinand von Lesseps, ein im Jahre 1805 zu Versailles geborener Franzose, kam schon in früher Jugend mit seinem Vater, welcher zum französischen Vizekonsul in Aegypten ernannt war, nach Alexandrien und gewann dort bald eine besondere Vorliebe für das alte Wunderland. Als ihm später eine Abhandlung des schon oben genannten Ingenieurs Lepère „über die Verbindung der beiden Meere" zu Händen gelangte, faßte er aus dem Studium dieser Schrift den ersten Gedanken zu dem Riesenwerk, das wir heute ausgeführt vor uns sehen. Er trug diese Idee mit sich, während er verschiedene diplomatische Stellungen in Spanien und Italien bekleidete, bis er im Jahre 1854 wieder nach Alexandrien kam. Am 15. November jenes Jahres reiste er in Begleitung des damaligen Beherrschers Aegyptens, Said Pascha, auf der Eisenbahn nach Kairo und stellte während dieser Fahrt dem Fürsten die Ausführung und Zweckmäßigkeit des Kanales so überzeugend vor, daß er schon wenige Tage darauf die Konzession zur Bildung einer Aktiengesellschaft für seinen Zweck ausgefertigt erhielt. Zunächst war aber noch die Einwilligung des Großherrn in Konstantinopel einzuholen. Lesseps reiste deshalb im Sommer 1854 nach Stambul (Konstantinopel) und wußte dort, durch seine liebenswürdige Persönlichkeit und Ueberredungsgabe, den Sultan für seine Pläne zu gewinnen. Als nun die eifersüchtigen Engländer merkten, daß aus dem Projekte des kühnen Franzosen Ernst zu werden begann, versuchten sie zahlreiche Intriguen und bemühten sich zunächst, den ganzen Plan ins Lächerliche zu ziehen. Man nannte z. B. den projektirten Kanal einen in Sand gewühlten Graben, den jede Sandwehe wieder zuzuschütten drohe. Auch müßte das riesige Unternehmen so massenhaft die europäischen Arbeitskräfte in Anspruch nehmen, daß der Mangel an Arbeitern bald in Europa fühlbar werden und eine verderbliche Kalamität nach sich ziehen würde. Der unermüdliche Lesseps ließ sich jedoch nicht irre führen, ja er machte sich, um das letztere Bedenken abzuschwächen, geradezu verbindlich, nur den fünften Theil aller benöthigten Arbeiter aus Europa zu beziehen. Er dachte hierbei an die Heranziehung der eingeborenen Fellahs, und später ließ er auch die Arbeit der Menschenhände zu einem großen Theil durch Maschinenkraft ersetzen. — Aber auch andere, ernster gemeinte Einwände wußte der konsequente Mann in der rechten Weise zu entkräften. So meinte man, für große Schiffe werde der Kanal doch nie fahrbar zu machen sein; Lesseps dagegen legte den Plan in so großartigen Dimensionen an, daß die Aussicht auf Durchfahrt der größten Kauffahrteischiffe gesichert erscheinen mußte. Einer weiteren Sorge über Ertragsfähigkeit des Unternehmens brach er dadurch die Spitze ab, daß er den Pascha bewog, alles durch den Kanal kultivirte Land der Gesellschaft als Eigenthum zu bewilligen, dazu eine zehnjährige vollkommene Abgabenfreiheit. Zugleich stellte man fest, daß die Schiffahrtsabgaben für Benutzung des Kanales drei Monate vor ihrer Einführung öffentlich bekannt gemacht und daß für alle Nationen ohne Unterschied dieselben Tarifsätze gelten sollten. Auch nahm man von vornherein an, daß die Gesammtabgaben auf keinen Fall mehr als zehn Francs ($2^{2}/_{3}$ Thlr.) per Tonne und Kopf betragen dürften.

Um aber nach Erledigung aller wichtigeren Einwände auch das Interesse der Engländer für seine Sache anzuregen, ging Lesseps im Jahre 1857 nach England, besuchte dort die größten Handelsstädte und hielt allerwärts überzeugende Vorträge über die Bedeutung des unternommenen Werkes. Es gelang ihm, sich hierdurch die Sympathien des englischen Volkes zu gewinnen, wenn auch die englische Regierung dessen ungeachtet fortfuhr, dem Unternehmen neue Schwierigkeiten zu bereiten. Nunmehr ward die Aktienzeichnung in Scene gesetzt, welche natürlich in Frankreich am besten von Statten ging. Nach dem aufgestellten Projekte sollten für den Bau des Kanals 200 Millionen Francs in 400,000 Aktien, jede zu 500 Francs, aufgenommen werden. Von diesem Betrage wurde in Frankreich sogleich die Hälfte gezeichnet, und 100,000 übernahm Said Pascha selbst, während der Rest von 100,000 in Oesterreich und Rußland Abnehmer fand. Seiner Zusage gemäß überließ der Pascha an die Gesellschaft 63,000 Hektaren Landes, ungefähr 246,000 preußische Morgen; auch machte er sich verbindlich, fortwährend 20,000 Frohnarbeiter zu stellen, die monatlich abgelöst und von der Gesellschaft bezahlt werden sollten. Der Kanal und alle Häfen sollten 99 Jahre lang der Gesellschaft zugehören und dann Eigenthum des ägyptischen Staates werden.

Als man nach allen diesen Vorbereitungen nun wirklich zur Arbeit schritt, da bereitete England wiederholt neue Schwierigkeiten. Die britische Diplomatie bot allen ihren Einfluß beim Sultan auf und brachte es durch Kriegsdrohungen dahin, daß derselbe ein Verbot gegen die Fortführung der Arbeiten erließ. Der energische Lesseps war jedoch nicht der Mann, sich einschüchtern zu lassen; er bewaffnete seine Leute, um jeden Angriff Seitens der Engländer oder ihrer gedungenen Helfer zurückzuweisen, und wandte sich zugleich an den französischen Kaiser, welcher infolge dessen für die Gesellschaft eintrat. Durch sein entschiedenes Auftreten brachte es der Kaiser dahin, daß der großherrliche Ferman (Erlaß des Sultans) zurückgenommen wurde. Nach diesem letzten Zwischenfalle ging dann die Förderung des großen Werkes, welches heute in seiner Vollendung vor Aller Augen liegt, ungestört vorwärts.

Nicht zu den geringsten Rücksichten für den kühnen Unternehmer gehörte seine Sorge für den Lebensunterhalt und das sonstige Wohl der bei dem Bau beschäftigten vielen Tausende von Arbeitern. Zunächst wurde denselben anheim gegeben, sich entweder selbstständig zu verproviantiren oder zu bestimmten Preisen ihre Lebensmittel aus den Magazinen der Gesellschaft zu beziehen. Meist wählten sie das Letztere, denn so war es ihnen möglich, weit besser zu leben, als sie es daheim gewohnt waren. Sie aßen hier täglich so gut, wie sonst nur an Festtagen, und wenn ihr Arbeitsmonat um war, brachten sie noch etwa 5 bis 6 Gulden baares Geld mit nach Hause. Sie standen sich also weit günstiger, als die Zurückgebliebenen. Ueberdies herrschte bei den Kanalarbeitern etwas mehr Ordnung und Reinlichkeit, als bei den Bauern, die mit Hühnern und Ziegen zusammen in derselben Erdhöhle wohnen. An Aerzten und Apotheken fehlte es auch nicht, — und daß sich die guten Fellahin nicht zu sehr bei der Arbeit anstrengten, dafür sorgte ihr natürliches Phlegma schon hinreichend.

3. Der Bau des Kanales.

Es läßt sich nicht leugnen, daß das ganze Unternehmen zu den großartigsten Leistungen unseres Jahrhunderts gehört. Da die Landenge von Sues eine vollkommene Wüste ist, so galt es, in einer Gegend zu bauen, welche nur kahlen Sandboden aufweist, wenn sich auch hie und da wellenförmige Erhöhungen von 1 bis 3 Meter und einzelne Hügel bis 10 Meter (einer bis 20 Meter) erheben. Der geradezu unbewohnbare Landstrich war früher Meeresboden, denn in dem Sande finden sich noch Muscheln und Seethiere von solcher Art, wie sie noch jetzt im Rothen Meere vorkommen. Letzteres war daher in unvordenklicher Zeit von dem Mittelmeere noch nicht durch die Landenge getrennt, welche erst durch Erhebung des Meeresbodens an dieser Stelle gebildet ward. Im Hinblick auf die Unfruchtbarkeit dieses Bodens erwies es sich weniger schwierig, den Kanal zu bauen, als vielmehr das Land für den Lebensunterhalt der Arbeiter erst kulturfähig zu machen. Es war ja nicht einmal ein Tropfen Wasser in jener Wüste zu haben. Verbrauchte man doch während des ersten Halbjahrs allein eine Summe von 600,000 Francs, um Trinkwasser vom nächsten Nilarm bis zur Arbeitsstätte zu schaffen! Um nun die unwirthbare Sandwüste in bewohnbares Land zu verwandeln, ließ Lesseps vom Nil ostwärts einen 15 Meter breiten Wassergraben bis in die Gegend des Timsasees leiten, von hier aber in der Richtung des großen Kanalbaues südwärts bis nach Sues weiter führen. Dadurch war dem Wassermangel abgeholfen und der Aufenthalt der Arbeiter dort ermöglicht. Nun kam es aber auch darauf an, trinkbares Wasser nach Norden zu schaffen, wohin sich wegen des zwischengelegenen Menzalehsees ein Wassergraben nicht führen ließ. Aber auch hier zeigte sich Lesseps um Rath nicht verlegen. Er ließ nämlich in der nördlichen Richtung zwei ungeheure eiserne Röhre anlegen, durch welche das Nilwasser bis an das Mittelmeer und an alle zwischenliegenden Stationen mit Hülfe kräftiger Dampfmaschinen getrieben wurde. Den nördlichen Hafen des Kanals bildet die Stadt Port Said, welche auf einer schmalen Landzunge, der Grenze des Menzalehsees gegen das Mittelmeer, angelegt ist. Diese überaus flache Landzunge wird bei jedem heftigen Nordwinde von den Wellen des Meeres überspült; der Sand aber ist so locker, daß er für die Bauten keinen festen Grund darbot, und die Häuser mußten daher auf Pfähle gestellt werden. Von Port Said aus führt der Kanal elf Stunden lang durch den flachen, etwa $1/2$ Meter tiefen Menzalehsee, ein stehendes Salzwasser mit weichem Schlammboden. Hier mußte zu beiden Seiten der neuen Fahrstraße ein Damm errichtet werden; aber alle zu überwindenden Schwierigkeiten wurden auch hier, gleich denen am Mittelmeer, mit Energie und Ausdauer bewältigt. Die Dämme sind jetzt so fest, daß sie keine Sorge über ihre Widerstandsfähigkeit mehr aufkommen lassen. Bei der Arbeit selbst entdeckte man, daß der Schlamm nur etwa 1 Meter Dicke hatte, und daß sich darunter ein sehr fester Lehmboden fand, welcher einen vortrefflichen Baugrund abgab.

Arbeiten am Suezkanal: Durchstich bei El Guisr.

Südlich vom Menzalehsee durchschneidet der Kanal eine schmale, nur eine Stunde breite Landenge, über welche die (zur Zeit der Wallfahrten nach Mekka sehr besuchte) Karawanenstraße nach Syrien führt; sie wird von den Arabern Kantara, d. h. die Brücke, genannt. Von hier aus tritt der Kanal in den kleinen Ballasee, einen südlichen Ausläufer des Menzaleh. Weiterhin kommt die höchste Stelle der ganzen Landenge von Sues, ein großer Sandhügel, El Guisr, was so viel heißt als der Berg. Hier mußten nicht weniger als acht Millionen Kubikmeter Sand und Erde ausgegraben und weggeschafft werden. Da Menschenkraft hierzu nicht auszureichen schien, so zog man eine Anzahl der kräftigsten Maschinen zu Hülfe. Zugleich wandte man den Kunstgriff an, daß man in die einmal gegrabene Vertiefung das Wasser einströmen und den Boden erweichen ließ, worauf man Baggermaschinen, deren jede täglich an 500 Kubikmeter Sand aushob, wirken lassen konnte. — Südlich von El Guisr führt der Weg durch den kleinen Timsasee; der Name bedeutet so viel wie Krokodilsee, daher entstanden, weil bei großen Nilüberschwemmungen das Wasser in früheren Zeiten bis hierher gedrungen sein und Krokodile mitgebracht haben soll.

Nachdem wieder eine ziemliche Strecke der Wüste durchschnitten war, erreichte man den großen Bittersee, der über 7 Meter tief ist und, da seine Ufer noch nicht 3 Meter über dem Meeresniveau liegen, schon von selbst eine Tiefe von etwa 4 Meter darbot. Auf der noch übrigen Strecke des Kanales bis Sues war nun noch die letzte große Schwierigkeit bei Schaluf zu überwinden. Hier stieß man nämlich unerwartet auf eine Felsenbank von Kalkstein. Hunderte von Sprengminen wurden angelegt, und 24,000 Kubikmeter Steine mußten gesprengt werden, ehe man die eigentlichen Kanalarbeiten wieder fortsetzen konnte. Zu dem letzten Ende des Kanals, unmittelbar vor Sues, wurde wieder der alte Pharaonenkanal benutzt, den man je nach Bedürfniß bald erweiterte, bald vertiefte.

Am 25. April 1859 entfaltete Lesseps an der Stelle, wo Port Said entstehen sollte, die ägyptische Flagge und weihte durch den ersten Schlag mit der Hacke das große Werk ein. Am 18. November 1862 strömte das Mittelmeer zum ersten Male in den Timsasee. Die Konsuln Oesterreichs, Frankreichs, Italiens, der Niederlande und viele hervorragende Personen aller Nationen waren anwesend, nur England war nicht vertreten. Noch sah man die Schleuße geschlossen. „Im Namen Sr. Hoheit Mehemet Said", sprach Lesseps mit weithin tönender Stimme, „befehle ich, die Gewässer des Mittelmeers in den See Timsa strömen zu lassen, unter Gottes gnädigem Schutz!" Da öffnete sich die Schleuße, und mit lautem Gebrause strömten die Wasser in den See hinab; doch noch lauter ertönte der Jubelruf der Zuschauer, welcher von allen Seiten die Lüfte durchschallte.

Noch ehe jedoch das große Werk ganz seinem Ende zugeführt war, starb der mächtige Beschützer desselben, der wohlwollende Gönner des Unternehmens, Said Pascha, welchem am 18. Januar 1863 Ismail Pascha in der Regierung folgte. Da beschlich wol Manchen die bange Sorge, ob der neue Herrscher auch das Interesse seines Vorgängers für den Kanalbau theilen werde. Lesseps aber, welcher die Verhältnisse kannte, blieb getrost; wir wissen bereits, warum. Die Leser erinnern sich, daß Ismail Pascha, der zweite Sohn des Ibrahim Pascha, geboren 1816 in Kairo, nach einem längeren Aufenthalte in Paris 1849 von dort als vollkommener Europäer zurückgekehrt war. Er ist ohne Zweifel der Gebildetste unter seinem Volke. Bei seiner damaligen Rückkehr nach Aegypten trat er sogleich in entschiedene Opposition gegen das intolerante und despotisch rohe Wesen des derzeitigen Herrschers, Abbas Pascha. In Gesellschaft seines älteren Bruders, Achmet Pascha, stellte er sich an die Spitze der Reformer und unterstützte alle nützlichen Unternehmungen. Er scheute keine Ausgaben, Alles zu fördern, was zum Flor und Gedeihen des Landes dienen und dasselbe würdig machen konnte, in die Reihe der kultivirten Staaten zu treten. Von seinem Onkel Said Pascha wurde er, als dieser die Regierung angetreten hatte, oft mit den wichtigsten diplomatischen Sendungen und zeitweilig mit der Regierung betraut. Nach dessen Tode Selbstherrscher geworden, machte er zuerst dem Sultan seine Aufwartung in Konstantinopel und wußte diesen durch seine außerordentlich gewinnende Persönlichkeit sehr günstig für sich zu stimmen, auch von ihm eine neue Erbfolge-Ordnung auszuwirken. Bis dahin galt nämlich als Regel, daß nach dem Tode eines Pascha das älteste Glied der Familie zur Regierung gelangte; so folgte dem Versterbenen unter Umständen nicht der eigene Sohn, sondern der Bruder, wenn dieser älter war als sein Neffe; Ismail Pascha erhielt aber des Sultans Einwilligung für die direkte Erbfolge nach dem Rechte der Erstgeburt. Auch bewilligte ihm der türkische Kaiser den Titel Khedive (persisches Wort = Herr) und das Prädikat Hoheit.

Mit Lesseps und der Kanalcompagnie schloß Ismail einen neuen Vertrag, nach welchem die Stellung der 20,000 Fellah aufgehoben, dafür aber eine Entschädigung von 38 Millionen Francs der Gesellschaft für den Kanalbau bewilligt wurde. Ferner sah Ismail Pascha ein, daß es ein großer Fehler seines Vorgängers war, 63,000 Hektaren Landes abzutreten, deren die Gesellschaft bei weitem nicht bedurfte, er nahm also 60,000 Hektaren zurück und bezahlte dafür 30 Millionen Francs. Zugleich bedachte er, daß der Süßwasserkanal jedenfalls Eigenthum des Staates sein müsse, und erwarb diesen für weitere 16 Millionen. Endlich kaufte er auch das Wadi (Thal) Tumilat, das ebenfalls an die Gesellschaft abgetreten worden war, von dieser für 10 Millionen zurück, so daß der Gesellschaft infolge dieser Verträge eine Gesammtsumme von 94 Millionen Francs zufloß.

Am 20. Dezember 1863 war der Süßwasserkanal bis Sues vollendet, und am 18. Februar 1864 fuhr das erste Schiff von Port Said bis zum Timsasee durch den Seekanal und von hier durch den Süßwasserkanal bis Sues; es war ein Triester Schiff, genannt der "Primo", und legte die Fahrt in 27 Stunden zurück.

Inzwischen arbeitete man an dem Hauptkanal rüstig weiter, vom Timsasee südlich nach den Bitterseen und von Sues gen Norden, ebendahin. Neben dieser

Hauptarbeit liefen aber noch verschiedene andere Arbeiten her, die ebenfalls rührig gefördert wurden. Vor Allem galt es, Kairo und Ismailia in eine andere Verbindung zu bringen, als durch die des Süßwasserkanales. Ismailia wurde ja die Hauptstadt des ganzen Kanals, und von da aus mußten alle Orte an demselben mit dem Nöthigen versorgt werden. Bis jetzt lag sie aber noch in der Wüste, war also darauf angewiesen, noch selbst alle Bedürfnisse von Kairo aus zu beziehen. So legte man denn von Zagazig aus, wo die Eisenbahn endet, neben dem Süßwasserkanal her eine andere Bahn nach Ismailia hin; sodann brachte man auch Kairo mit Sues in eine bessere Verbindung. Beide Städte waren durch die alte Poststraße, welche südlich von Dschebel Awebet hinführt, verbunden. Nördlich von diesem Dschebel, d. i. Berg, hatte man eine Eisenbahn angelegt, die bereits Jahre lang befahren wurde; allein da sie in ihrer ganzen Länge durch die Wüste führt, so brachte ihr Betrieb mancherlei Schwierigkeiten mit sich. Das Wasser zur Füllung des Dampfkessels mußte an die einzelnen Stationen hingeschafft werden; auch war an den Stationen, die nirgends eine Stadt, sondern nur ein einfaches Stationshaus aufwiesen, durchaus nichts zu bekommen. Deßhalb entschloß man sich, von Ismailia nach Sues eine neue Eisenbahn zu bauen. Mittels dieser waren alsbald die beiden letztgenannten Städte in dreifacher Weise mit einander verbunden: östlich durch den Seekanal, westlich durch die Eisenbahn und in der Mitte zwischen beiden durch den Süßwasserkanal.

Ursprünglich beabsichtigte man, durch den großen Bittersee zwei Dämme zu bauen und durch sie den Seekanal hindurch zu leiten. Aber noch zur rechten Zeit kam man auf die Erwägung, wie vortheilhaft es für die ganze Gegend sein müßte, wenn der bisher trocken gelegene, drei Quadratmeilen große Bittersee ganz mit Wasser gefüllt würde. Denn hierdurch mußte eine bedeutende Verdunstung entstehen und infolge dieser Feuchtigkeit die ganze Gegend umher fruchtbar gemacht werden.

Fünf Jahre, nachdem der „Primo" die erste Fahrt von Saïd nach Sues gemacht, am 18. März 1869, gelangte folgendes Telegramm an den ägyptischen Gesandten in Paris:

Serapeum, 18. März 1869, 1 Uhr 10 Min. Nachm.

„An Se. Exell. Nubar-Pascha in Paris.

„Ich habe soeben den ganzen Lauf des Kanals besichtigt und dem Eintritt des Wassers des Mittelmeeres in die Bitterseen beigewohnt. Ich kehre nach Kairo zurück, erfüllt mit Bewunderung für dieses große Werk und voll Vertrauen auf seine rasche Vollendung.

Ismail, Vizekönig von Aegypten."

Man hatte berechnet, daß es zehn Monate dauern würde, bis die Bitterseen von dem Mittelmeer ausgefüllt wären; allein da man von Süden her auch das Rothe Meer einströmen ließ, so wurde die Füllung schon früher erreicht. Am 16. August 1869 stießen Mittelmeer und Rothes Meer im Bittersee zusammen, und vier Tage später war die Schiffahrt im Gange.

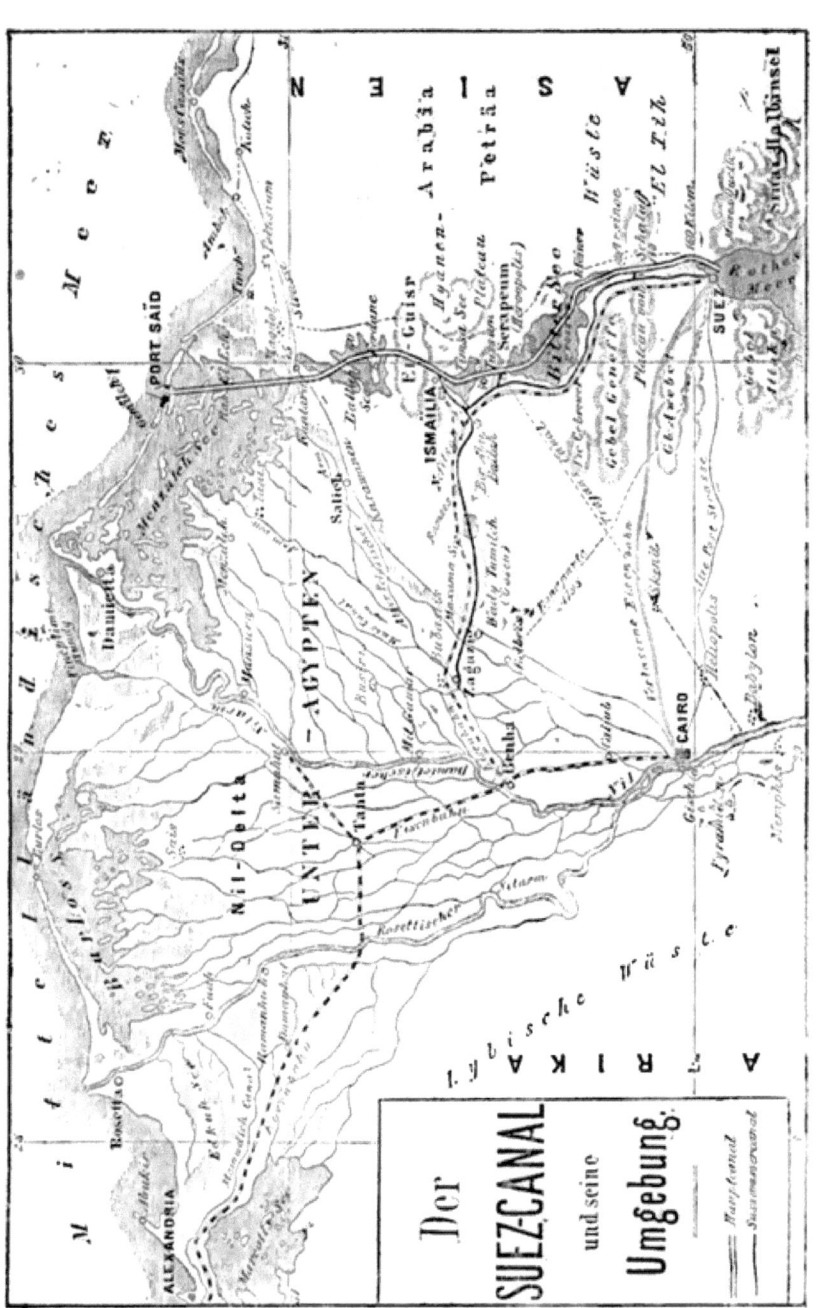

Am 28. Septbr. fuhr Lesseps von Port Said nach Sues direkt in 15 Stunden; es ward bestimmt, daß am 16. November der Kanal feierlich eröffnet und dem allgemeinen Verkehr übergeben werden sollte, am 16. November, d. h. dem 64. Geburtstage des Mannes, den die Engländer zuerst einen Schwärmer, dann einen Schwindler, zuletzt sogar einen Narren und Verrückten gescholten hatten.

4. Die Reise zur Eröffnung des Kanales.

Dem großartigen Feste der feierlichen Eröffnung des Kanales beizuwohnen, war ich dies Mal nach Aegypten gereist, und nachdem ich einige Tage in Kairo verweilt, begann ich meine eigentliche Reise.

Welches Gedränge in dem Bahnhof! Die Passagiere der ersten Klasse haben vollkommene Freiheit; sie gehen aus den Wartesälen in die Wagen und wieder zurück, ganz nach Belieben, bringen ihr Gepäck, ihre Papageien und Affen unter, wie es ihnen gut dünkt. Die Passagiere der letzten Klasse aber bleiben eingeschlossen, bis Jene ihre Plätze eingenommen haben. Dann treten an die Wagenthüren der dritten Klasse je zwei Aufseher mit Stöcken, welche sie vor der Thüre kreuzen. Endlich wird geöffnet. Mit wildem Geschrei stürzt die Masse heraus, und Jeder sucht nun so schnell als möglich in den Wagen zu kommen. Dabei hat der Araber noch die besondere Sucht, sich ohne Billete durchzubringen; nicht umsonst stehen deshalb die Wächter mit den Stöcken an den Wagenthüren, um dem Reisenden durch schlagende Gründe deutlich zu machen, daß ohne Billete Niemand in den Wagen gelassen werde. Die Frauen haben ihre besonderen Wagen; denn einmal sind sie nicht würdig, mit ihren Männern in demselben Coupé zu reisen, sodann dürfen sie auch nach der Landessitte von anderen Männern nicht gesehen werden.

Schnell gings nun wieder nach Alexandrien zu, bis zur Station Benah, wo sich eine Nebenbahn nach Zagazig abzweigt. Dort lag ehemals die große Stadt und Grenzfestung Bubastis, deren Trümmer noch in der Nähe beim Dörfchen Tell Basta zu sehen sind. Nun wendet sich die Eisenbahn direkt nach Osten. Zuerst gelangt man nach dem Oertchen Tell el Kebir in dem Wadi (d. i. Thal) Tumilat. Hier war im Jahre 1823 vom Mehemet Ali ein kleines Schlößchen erbaut worden, jetzt steht daselbst ein ansehnlicher Ort. Die Gegend ist sehr gut angebaut; überall sieht man Felder mit Gerste, Sesam, Reis, Mais, Dattelpalmen und Baumwolle. — Der nächste Punkt ist Kasanine, wo noch Alles wüste und öde ist. Tell el Kebir liegt an der Grenze der Wüste, und sieht man von hier aus nach Osten, so erblickt das Auge nichts als braungelben Sand und Himmel; nach Westen aber schaut man in die üppigste ägyptische Vegetation. Bis hierher schmücken Citronen- und Orangenbäume und 20,000 Maulbeerbäume die Ufer des Süßwasserkanales; weiter nach Osten hören alle Zeichen organischen Lebens auf.

Von Kairo aus ließ Lesseps einen großen Kanal direkt nach Kasanine ziehen, um auch auf diese Weise das süße Wasser in gehöriger Fülle nach der Wüste zu bringen. Etwas weiter kommt man nach dem kleinen See Maxama, der längst trocken lag und jetzt wieder mit Nilwasser gefüllt ist. Daselbst wird in Zukunft eine Stadt liegen, welche denselben Namen trägt; jetzt ist's erst ein ganz kleiner Ort, eine einfache Station. Der folgende Haltepunkt ist Ramses, heute ebenfalls nur eine unbedeutende Anhaltestelle. Aber hier stand in alten Zeiten die große Stadt Ramses, von welcher aus Moses, vor mehr denn 3000 Jahren, mit den Juden, einem Heere von 600,000 Menschen, aufbrach nach dem Gelobten Lande. Man hat da eine kolossale rothe Granitstatue des großen Ramses II., Sesostris, gefunden; auch Backsteine mit dem Namensstempel dieses großen Königs wurden beim Graben des Süßwasserkanals an das Tageslicht gefördert. Bei Ismailia endlich mündet der Süßwasserkanal in den Seekanal, und kurz vor dieser Stadt zweigt die Eisenbahn südlich nach Suez ab.

Ismailia, so genannt nach dem gegenwärtigen Vizekönig von Aegypten, ist eine aus der Wüste hervorgezauberte kleine Stadt mit sehr schönen Quais, mit niedlichen Häuschen, die alle ihre Gärtchen haben, in welchen freilich noch keine großen Bäume, aber Blumen, Salat und Gemüse zu sehen sind. Die Mehrzahl der Bevölkerung dieses Städtchens bilden Franzosen; sie haben ihr Café chantant, ihre Closerie des Lilas, Kaffeehäuser in großer Zahl, Billardstuben und andere Orte des Vergnügens angelegt, wie sie die Natur des Franzosen nun einmal nicht entbehren kann. Aber auch Verwaltungsgebäude, Fabriken, Kirche, Spital, Apotheke und Gasthäuser fehlen nicht; vor Allem bemerklich macht sich das Hôtel des voyageurs.

Von diesem Orte aus unternahm ich kleine Ausflüge nach Tussum, einem Wartthurm an der Stelle, wo einst der erste Spatenstich an dem Kanale geschah. Lange Zeit stand auf diesem Thurme eine Schildwache, um den bewaffneten Arbeitern Zeichen zu geben, wenn störende Banden heranzogen. In der Nähe ist auch Bir Abu Balla, ein Landgut, welches die Kanalgesellschaft dem alten Emir Abd-el-Kader zum Geschenk gemacht hat. Nachdem ich Alles zur Genüge besehen, schiffte ich mich nach Port Said ein. Diese Stadt hat jetzt schon etwa 10,000 Einwohner und gewährt einen merkwürdigen Anblick. Die kleinen, auf Pfählen errichteten Häuschen, die großen Fabriken mit ihren langen Schornsteinen, die Häfen mit ihren vielen Schiffen und besonders die Bewohner, welche aus den verschiedensten Nationen hier zusammengekommen sind, erregen das lebhafteste Interesse des Besuchenden. Zwei große Dämme führen in das Meer. Der östliche ist 1600 Meter, der westliche 2250 Meter lang. Dieser letztere mußte deshalb so weit in die See hinausgebaut werden, weil von Westen her eine Versandung zu befürchten stand. Die nördlichsten Häuschen standen bei ihrer Erbauung fast unmittelbar am Ufer, jetzt breitet sich vor ihnen schon ein stattlicher Quai aus. Die Steine, aus welchen diese Dämme aufgeführt wurden, sind künstliche, mächtige Blöcke von etwa neun Kubikmetern jeder und 44,000 Pfund schwer. Zu 20 Theilen Sand nahm man 9 Theile Gips, setzte das nöthige Wasser hinzu und ließ diese künstlichen Steine in großen Formen trocknen. Täglich wurden 35 Stück fertig, welche dann durch eigene Maschinen ins Meer geschleudert wurden. Für die beiden Hafendämme brauchte man über 25,000 Blöcke.

In Port Said entwickelt sich ein außerordentliches Leben, fortwährend fahren Schiffe die Häfen aus und ein. Zwanzig verschiedene Dampfschifflinien führen hierher, und in den Fabriken hämmert und pocht es den ganzen Tag lang. Die tonangebenden Bewohner sind die Franzosen, darum sieht man auch hier einen **Jardin Mabille**, ein **grand magasin du Louvre** und Alles, was dem Franzosen von Paris her lieb und theuer ist, freilich in sehr verjüngtem Maßstabe.

Westlich von Port Said zog sich am Rande des Meeres ein langes, nur aus einer einzigen Straße bestehendes Araberdorf hin, welches im vorigen Juli abgebrannt ist. Es bestand nur aus zeltartigen Strohhütten, die natürlich leicht wieder aufgebaut werden konnten.

Uebrigens muß man nicht vergessen, daß Port Said immer noch in der Wüste liegt. Es giebt hier noch keine Felder und Wiesen, und von Vieh ist außer Fischen, Wasser= und Sumpfvögeln fast gar nichts zu sehen. Milch, Butter, frisches Fleisch und dergleichen Dinge werden immer noch von Kairo aus hieher gebracht, und die Hauptnahrung besteht immer noch in geräuchertem Fleische, komprimirten Gemüsen, getrockneten Früchten und ähnlichen Dingen. Kühe, Schafe und Ziegen sieht man in Port Said nicht; nur Schweine spazieren in den Straßen umher, welche Straßen, beiläufig gesagt, auch nicht gepflastert, sondern tiefer, leicht beweglicher Sand sind.

5. Die Eröffnungsfeier.

Zur Einweihung des Kanales hatten sich am 15. November Schiffe aller Nationen versammelt. Da sah man französische, englische, spanische, belgische, norddeutsche und ägyptische Fahrzeuge, allesammt in festlichem Flaggenschmuck; sie begrüßten einander mit lautem Kanonendonner. Es war ein Krachen, wie es wol jüngst in den blutigen Schlachten um Metz ꝛc. nicht viel ärger gewesen sein mag. Als nun erst der Festtag selbst, der 16. November, herangekommen war, da wollte der Kanonendonner kaum ein Ende nehmen. Es war in der That sinnbetäubend. Selbstverständlich waren die Häfen von Alexandria und Damiette an diesem Tage öde und leer und hatten alle ihre Schiffe, große wie kleine, hierher geschickt.

Auf einer kleinen Landzunge hatte man große Zelte für den Vizekönig und seine Gäste errichtet; diesen gegenüber zwei andere, das eine für die türkische, das andere für die katholische Geistlichkeit. Nachmittags um drei Uhr legten die verschiedenen Boote an dem zur Feier bestimmten Platze an. Zuerst kam der Vizekönig mit seinen beiden Prinzen, dann der Kaiser Franz Josef, hierauf der Kronprinz Friedrich Wilhelm von Preußen; nach ihm Abd=el=Kader. An diese fürstlichen Personen reihten sich Graf Beust, Baron von Keudell, der Internuntius von Prokesch=Osten, der englische Botschafter Sir Elliot, der österreichische Armiral von Tegetthof, der russische General Ignatiew, Nubar Pascha und noch andere diplomatische Persönlichkeiten. Auch die gelehrte Welt, sowie die der Künster, war reichlich vertreten. Kurz, es war eine Versammlung von hervorragenden Personen, wie sie wol selten in so glänzender Vereinigung zu sehen ist. Zuletzt erschien noch die Kaiserin Eugenie von Frankreich in einem glanzvollen perlgrauen Seidenkleide.

Nachdem die fürstlichen Personen auf den für sie bereitstehenden Sesseln Platz genommen hatten, verkündeten Geschützdonner und Trompetengeschmetter den Beginn des feierlichen Aktes. Zuerst wurde der Kanal eingesegnet vom Scheit El Zakha, sodann vom Erzbischof vom Berge Sinai, und hierauf hielt noch der Abbé Bauer, Beichtvater der Kaiserin Eugenie, eine gewaltige Rede.

Araberdorf im Westen von Port Said.

In dieser feierte er den Vizekönig, die anwesenden fürstlichen Personen und den Schöpfer des Kanales, Herrn von Lesseps, mit begeisterten Worten. Hiermit war die eigentliche Einweihung beendet. Am Abend erglänzte Port Said in einem Lichtmeer, und alle Schiffe im Hafen waren aufs Prachtvollste illuminirt. Ueberall ein wirres Gedränge in den engen Straßen, ein Schreien und Rufen und Jubiliren, wie man es nur bei den seltensten Gelegenheiten findet. Hier unterhielten sich Deutsche, da scherzten Franzosen, dort spielten Italiener mit einander, weiterhin sangen Araber, kurz Jeder unterhielt sich in seiner Weise. Die Kaffeehäuser, die Billardzimmer, die Weinstuben, alle öffentlichen Lokale waren zum Erdrücken voll; in den Bierhäusern und Tanzsälen war kein Plätzchen mehr zu finden; nur die Lesekabinete standen diesen Abend leer.

2*

Am folgenden Tage, dem 17. November, begann die feierliche Fahrt durch den Kanal. Voran das Schiff der Kaiserin Eugenie, dann die österreichischen Schiffe mit dem Kaiser Franz Josef, hierauf die „Grille" mit dem Kronprinzen von Preußen, weiterhin die übrigen; in Allem ungefähr 120 an der Zahl. Als wir durch den Menzalehsee fuhren, wurde unsere Aufmerksamkeit nach dem Ufer gelenkt: dort stand eine lange Reihe weißer Gestalten. „Wie?" sagte mein Nachbar zu mir, „sind das österreichische Soldaten, die ihrem Kaiser die üblichen Honneurs machen?" — Doch nein, es waren nur Flamingos, welche in langer Reihe schnurgerade neben einander standen, sich dann plötzlich erhoben und hoch die Lüfte durchschwirrten. Da zogen sie über uns hin, wie ein langer rosenfarbener Schleier.

Bei Kantara, wo die Karawanenstraße nach Syrien den Kanal durchschneidet, findet man eine Fähre angebracht. Die Lage dieses kleinen Ortes, der jedoch ein großes, von Reisenden als Gasthof benutztes Spital hat, ist eine so günstige, daß sich hier bald ein bedeutender Handel entwickelt haben wird.

Wir gelangten nun in den Ballasee, dessen Boden dick mit Konchylienschalen bedeckt ist, sodann nach einer Fahrt von 3½ Stunden an dessen südlichem Ende nach El Ferdaneh. Hier ist der Ort, um eine Bemerkung über die Ufer des Kanales einzuschalten. Die Dämme des letzteren sind etwa zwei Meter höher, als das Niveau des Wassers, und so breit, daß man eine Eisenbahn darauf anlegen kann. An seiner Oberfläche beträgt die Breite des Kanales dort, wo er zwischen Hügeln geht, an 58 Meter, in der Ebene dagegen, wo die Böschung mehr Raum wegnimmt oder flacher sein muß, 120 Meter, endlich zwischen den in das Rothe Meer hinausgebauten Dämmen 275 Meter (gegen 900 Fuß). Die Tiefe ist, ziemlich gleichmäßig, überall 8 Meter (etwa 26 Fuß), also auch für die größten Kauffahrer genügend. — Von Ferdaneh aus fuhren wir nun zwischen hohen Dämmen hin, denn wir naheten uns ja der Stelle, wo der tiefste Einschnitt gemacht werden mußte. Hier, bei El Guisr, waren acht Millionen Kubikmeter Sand auszuheben. Hier standen Anfangs 12,000 Fellah, militärisch in Reihen geordnet, schöpften den Sand und reichten ihn von Hand zu Hand hinauf auf die Höhe. Späterhin stellte man die großen Dragnen hier in Dienst. Jede förderte täglich 300 Kubikmeter, — es waren aber doch auch so noch 28,000 Tagewerke. — Acht Millionen Kubikmeter ist schnell gesagt, ist aber doch ein großes Wort. Denken wir ein Haus, das 15 Meter breit, 15 Meter tief und 20 Meter hoch ist, so brauchen wir von diesen Häusern **über 2500**, um jene Masse darzustellen.

Bei El Guisr hatten sich wol tausend Franzosen versammelt, die mit lautem Jubelruf ihre Gebieterin, als sie vorbeidampfte, begrüßten.

Die Führung des Kanales durch den kleinen Timsasee, der nur anderthalb Stunden lang ist, machte nicht die geringste Schwierigkeit. Der Boden war leicht auszubaggern, und Dämme waren gar nicht nöthig. Wer ein Freund von der Entenjagd ist, dem empfehle ich einen kleinen Ausflug nach Ismailia; eine solche Menge von Enten, Möven und anderem derartigen Geflügel, wie hier auf dem Timsasee, habe ich in meinem Leben nirgend beisammen gesehen.

Wer unter diese Massen von Wasservögeln hineinschießt, trifft sicher mehrfach, und ich wüßte in der That nicht, wie Jemand nichts treffen könnte. Mein guter Diener Mehmed ergötzte sich denn auch aus Herzensgrund mit der Entenjagd und rechnete mir noch drei Tage nachher vor, wie viele Vögel er nach seiner Schätzung erlegt haben mußte.

Noch bei guter Zeit trafen wir bei dem Hauptorte des Kanales ein. Etwa 8 Uhr des Morgens war es, als das erste Schiff, der „Aigle", zwischen den bei Port Saïd aus Holz und Leinwand aufgerichteten beiden Obelisken hindurch in den Kanal fuhr. Kurz nach 4 Uhr des Nachmittags warf dasselbe Schiff im Hafen von Ismailia Anker, und der Khedive begrüßte die Kaiserin und geleitete sie ans Land. Die letzten Schiffe des langen, langen Zuges fuhren erst bei Mondenschein in den Timsasee ein, und ihnen strahlte nun Ismailia in einem bunten Feuermeere entgegen. Ich selbst fuhr noch spät mit einem Boote in den See hinaus, um diesen feeenhaften Anblick zu genießen, und Mehmed fragte mich immer wieder, ob ich in meiner Heimat schon so Etwas gesehen habe. „O, wie bist Du glücklich, mein Gebieter", sprach er, „daß Deine Augen Solches noch gesehen haben. Allah kerim!" Gott ist barmherzig.

War aber das Drängen und Treiben in Port Saïd schon ein gewaltiges, so zeigte es sich doch hier an dem neuen Hauptorte des Kanales noch hundert Mal ärger. Jeder unterhielt sich nach seiner Weise, und zur Unterhaltung bot sich nach allen Seiten hin das Ausgezeichnetste, was Aegypten zu leisten vermochte. Vor der Stadt sah man drei große Lager aufgeschlagen, für die Beduinen der Wüste, für das ägyptische Militär und für die Reisenden und Gäste des Vizekönigs, welche letztere mit unübertrefflicher Gastfreundschaft bewirthet wurden. Alles, was man nur wünschen mochte, fand man reichlich und in bester Qualität. — Ich hatte zufällig die Bekanntschaft mit einem Photographen gemacht, der sich schon seit Jahresfrist an den verschiedenen Stationen des Kanales umhertrieb und Ansichten sowie Physiognomien der Arbeiter aus den verschiedenen Nationen aufgenommen hatte. Mit diesem schwärmte ich die halbe Nacht umher; meinen Mehmed bekam ich nicht zu sehen. Er ließ sich, weil er doch jedenfalls Geld brauche, am Abende ein Extra-Bakschisch geben, — verschwand und kam erst am andern Morgen wieder zum Vorschein.

Mein Photograph konnte mir nicht genug erzählen, wie theuer und schlecht Alles gewesen sei, was er in der wandelnden Stadt des Arbeiterheeres bekommen. Für eine elende Breterhütte mit Strohdach, deren Boden die Erde, deren Decke das Strohdach, und welche als Möbel nur einen alten Stuhl, einen nicht besseren Tisch und eine „Lagerstätte" aufwies, mußte er monatlich 100 Francs ($26^{2}/_{3}$ Thaler) Miethe bezahlen. Das Pfund Rindfleisch kostete $2^{1}/_{2}$ Francs (20 Silbergroschen) und alles Andere in demselben Verhältnisse. Der Verdienst der Arbeiter und Beamten bei dem Baue ist ein recht anständiger, aber sie bringen doch nichts davon heim. Es haben sich Leute genug gefunden, welche auf die Unerfahrenheit dieser Menschen, denen es noch ungewohnt war, Geld zu besitzen, spekulirten, um ihnen das Bischen Verdienst auf hunderterlei Arten wieder abzunehmen. Oeffentliche Wirthschaften jeder Gattung und Spielhäuser sind in großer Zahl vorhanden; was das Wirthshaus übrig läßt, nimmt das Würfel- oder Kartenspiel, und was diesen entgeht, holt das Roulette. Kommt aber noch Etwas durch alle diese Klippen glücklich hindurch, nun — so wird es gestohlen. Denn es ist hier ein Zusammenfluß von Gesindel aus allen Ländern, falsche Spieler, Betrüger, Diebe, Mörder, — fast t ä g l i ch kommt eine Mordthat vor! „Freund, morgen sollen Sie die Galgen-Physiognomien sehen, welche ich photographirt habe; Sie werden staunen." — Ich sah sie übrigens nicht, sondern betrachtete mir lieber die Spitzbuben in Natur.

Möglich, daß der Künstler übertrieben hat; ich glaubte es jedoch und dachte auch nicht weiter darüber nach; ich schweifte vielmehr noch bis spät nach Mitternacht umher und konnte nicht genug sehen mit meinen zwei Augen. Vom Kaffeehaus ging's ins Bierhaus, von da in die Billardstube, dann in eine arabische Schenke, zu einem Märchenerzähler, hierauf in eine Weinwirthschaft, und so weiter bis gegen 2 Uhr. Hier sahen wir einen Schlangenbändiger, da einen Feuerfresser, dort wieder einen Beduinen, der Trinkgläser und stachelige Kaktus zusammenbiß, daß es krachte und knirschte und ihm das Blut aus dem Munde troff, während er das Ganze mit Appetit hinunterschluckte; weiterhin tanzten braune Nubierinnen und heulten Derwische; hier Taschenspieler; dort blinde Musikanten; überall nichts als Drängen, Schieben und Drücken, Schreien, Lärmen und Singen, Pauken, Trompeten und Trommeln, Jauchzen und Jubiliren, so daß man in einen förmlichen Taumel versetzt wurde.

Wie viele Menschen da durch einander wogten, — ich weiß es nicht; Andere sprechen von vierzig bis fünfzig Tausenden. Es war das großartigste Fest dieses Jahrhunderts. Diese Verbindung von Kunst und Natur, von Orient und Occident, von Civilisation und ungeschminkter Natürlichkeit wird wol nie wieder gefunden. Man denke nur, die Kaiserin Eugenie auf dem hohen Rücken eines Dromedars an der Gruppe ägyptischer Tänzerinnen vorbei reitend, der Kaiser von Oesterreich bei arabischen Beduinen sitzend, solche und noch weit wirksamere Gegensätze machten das Fest zum einzigen in seiner Art.

Am 18. November begann das tolle Treiben von Neuem. Es war, als seien Alle von der Tarantel gestochen; im wilden Wirbeltanze brausten Tausende durch einander, und ich ließ mir's nicht nehmen, mich in das dichteste Gewühl hinein zu stürzen. Ich wußte wohl: was ich jetzt genoß, das würde mir eine Erinnerung für mein ganzes Leben bleiben, und was ich jetzt versäumte, konnte ich nicht einholen, selbst wenn ich hundert Jahre alt würde.

Hei, wie jagen die prächtigen vizeköniglichen Karossen und die geschickten Reiter auf Araberrossen, auf Kameelen und Eseln bunt durch einander! Wie wechselten die Bilder in diesem lebendigen Kaleidoskope! Hier begrüßten sich mit lautem Zurufe Freunde und drückten sich die Hand, die nicht vermuthet hatten, einander auf ägyptischer Erde zu treffen; da zogen landeseingeborne Soldaten singend an uns vorbei; dort tönte die einfache Weise arabischer Musik aus einem Zelte. Aber will mich Jemand fragen, wie ich den Vormittag hingebracht, — ich weiß es selbst nicht. Ich sah und hörte, ließ mich drücken und stoßen und — schob und drückte meinerseits wieder.

Nachmittags führten die Beduinen zur Unterhaltung der hohen Gäste ein Scheingefecht auf. In tollem Wirbel jagten sie auf ihren prachtvollen Araberpferden und auf den langbeinigen Kameelen wild durch einander, schwangen ihre Spieße und langen Flinten über den Köpfen, feuerten ohne Unterlaß, warfen ihre Waffen oft mit Jauchzen in die Luft und fingen sie wieder auf; ja, in ihrer Begeisterung sprangen sie auf die Höcker der dahin jagenden Kameele und schossen in dieser Stellung nach allen Seiten hin. Es ist ein Wunder, daß nicht zahlreiche Unglücksfälle stattfanden! Aber es war ein prächtiges Bild, die wilden Söhne der Wüste in ihrer bunten, glänzenden Tracht so durch Staub und Pulverdampf fliegen zu sehen! — Am Abende strahlte Ismailia abermals in einem Lichtmeere, und — ich war wieder bis nach Mitternacht auf den Beinen; doch dies Mal ohne Photograph, der mir abhanden gekommen war.

Der Vizekönig, welcher seine vielen geladenen Gäste, — es waren über tausend — mit orientalischer Pracht und Freigebigkeit bewirthete, hatte für dieselben fünfzig ganze Häuser und 500 Zimmer gemiethet. Man speiste in großen Speisehallen, wo das Köstlichste im Ueberflusse vorhanden war, und selbst das verwöhnteste Leckermaul hätte es dem Küchenmeister Ismaïl's nachreden müssen, daß er sein Geschäft aus dem Grunde versteht. Es waren lucullische Mahle, die da gehalten wurden. Ich für meine Person tafelte allerdings nicht mit, denn ich hatte nicht die Ehre, zu den Gästen des Khedive zu gehören; ich war vielmehr nur einer der übrigen 39,000 Wilden. Am diesem 18. November aber gab der splendide Wirth seinen Gästen einen Ball, zu welchem etwa 5000 Personen eingeladen waren. Man erzählte mir, daß die Pracht in dem vizeköniglichen Palaste Alles weit hinter sich lasse, was man von Luxus in kaiserlichen und königlichen Schlössern Europa's zu sehen bekomme. Da sehe man erst, was die Bezeichnung sagen wolle „orientalische Pracht". Fabelhaft soll der Luxus gewesen sein, der in Kleidern entfaltet wurde; höchst effektvoll das Erscheinen der Beduinenhäuptlinge mit Abd-el-Kader; noch nicht dagewesen die Vortrefflichkeit des Mahles, bei dem auch „Poisson à la réunion des deux mers" und saftiger Gazellenbraten nicht gefehlt habe.

Einzelheiten von diesem Balle kann ich natürlich nicht mittheilen; nur zwei Punkte will ich erwähnen. Eine wahre Fee des Balles, erschien die Kaiserin Eugenie um 11 Uhr in einem rothen Atlaskleide, das dicht mit Brillanten übersät war. Unter allen Weinen trug der von Herrn Wilhelmi in Wiesbaden gelieferte Rauenthaler den Preis davon. Herr Wilhelmi wird ohne Zweifel „Hoflieferant" werden und wahrscheinlich jene Sorte „Khedive-Wein" taufen.

Am Morgen des 19. November fuhr die Flotte wieder ab gen Süden; Mehmed, der sich am vorigen Abende abermals ein Extra-Bakschisch geholt hatte, kam jetzt auch wieder zum Vorscheine, und als ich am Mehemet-Ali-Quai dahin schleuderte, um mich nach zwei durchschwärmten Nächten etwas zu erholen, — ging ein Mann vor mir her und sang mit kläglicher Stimme: „Muß i denn, muß i denn zum Städtle naus", — es war mein Photograph, und wir fuhren miteinander.

Stadt Suez.
Eisenbahn nach den Docks. Hafenanl

t von Suez. Maritimer Kanal.

Stadt Sueß.
Eisenbahn nach den Docks.   Hafenanlage

en von Sues. Maritimer Kanal.

Am südlichen Ende des Timsasees erreichten wir Tussum und sahen hier auch den Wartthurm, der wol als Wahrzeichen englischer Freundschaft noch lange dort stehen bleiben wird. Eine kleine Strecke weiter folgt Station Serapeum, so genannt, weil sich hier die Ueberreste eines Serapistempels fanden; auch zahlreiche, mit Hieroglyphen bedeckte Stein- und Ziegelstücke wurden aus dem Sande gegraben, und die Arbeiter erbeuteten manche verwerthbare Kleinigkeit aus vergangenen Jahrtausenden.

Der Hügel, auf welchem die kleine Arbeiterstadt liegt, ist etwa zehn Meter hoch; die Zahl der Einwohner ist noch sehr gering und bestand sogar einmal kurze Zeit nur aus zwei Personen. Die Cholera war (im Jahre 1865) hier eingeschleppt worden. Es erkrankten und starben viele Arbeiter, und plötzlich überkam alle ein so dämonischer Schrecken, daß wer noch die Beine rühren konnte, sich auf und davon machte. Der französische Arzt des Ortes war gestorben, der Apotheker unsichtbar geworden, nur der arabische Arzt hielt getreulich aus, und ihm zur Seite stand ein einziger Arbeiter, der mit ihm die Kranken pflegte, die Sterbenden tröstete und die Todten begrub. Dieser Mann heißt Gendron. Am Tage ging er mit dem alten, weißbärtigen Araber von Bett zu Bett, ein treuer, sorgsamer Wärter, und Nachts war er Schreiner und Todtengräber, machte Särge und begrub die Geschiedenen. Endlich waren die Beiden noch allein übrig. Der Himmel hatte sie ihren Brüdern erhalten, damit auch dem Letzten noch eine warme Bruderhand die Augen zudrücke und ihn zur ewigen Ruhe bette in den Sand der Wüste. Dem Arzt war es Pflicht, auszuhalten und sein Leben zu wagen; so erheischte es sein Beruf, wenn auch manche seiner Berufsgenossen vielleicht weniger standhaft geblieben wären. Aber Gendron hätte mit den Andern davonlaufen können, und Niemand würde ihn getadelt haben. Doch er blieb und diente seinen Genossen und hat sich damit ein Verdienst erworben, das des Himmels Seligkeit werth ist. Ich freue mich aufrichtig darüber, daß die französische Regierung den Takt bewies, einem solchen Ehrenmanne nicht etwa einen Orden dafür zu schenken.

Auf einmal öffnete sich vor uns eine weite Wasserfläche. Es war der Bittersee, ein Ueberrest des Rothen Meeres aus jener Zeit, wo letzteres noch mit dem Mittelmeer direkt zusammenhing; als sich von Süden her der Meeresboden hob und trocknes Land zu Tage förderte, blieb hier eine zehn Stunden lange Pfütze stehen, die allmählig eintrocknete und eine meterdicke Salzkruste zurückließ. Im Norden ist der See so tief, daß gar keine Baggerarbeiten nöthig waren; nur im Süden mußte etwas nachgeholfen werden. Ich vermag nicht auszudrücken, welch mächtigen Eindruck es macht, wenn man aus der Wüste auf diesen großen See kommt und das Auge statt braungelben Sandes plötzlich wieder Wasser und nichts als Wasser sieht.

Wir eilten dem Ende der Reise zu. Schaluf el Terraba, wo die Felsbank gesprengt werden mußte, war ein sehr interessanter Punkt. Hier hatte man die Stücke eines 30 Centimeter dicken, etwas über 2 Meter hohen und halb so breiten Gedenksteines aufgefunden, der hier vor etwa 2400 Jahren errichtet worden.

Auf dem Marktplatz in Suez.

An der Grenze zwischen Afrika und Asien stehend, verkündigte er auf seiner östlichen Fläche in persischer Keilschrift, auf der westlichen in ägyptischen Hieroglyphen der Nachwelt, daß König Darius, der Herr über Persien und Aegypten, den Kanal wieder hergestellt habe. Vollständig ist der Text der Inschrift noch nicht zusammengestellt, da einige Stücke des Gedenksteines, der ohne Zweifel absichtlich zertrümmert worden, noch nicht aufgefunden werden konnten. Bald gelangten wir nach Sues.

Dieses Sues, das Arinoe der Alten, war mit dem Eingehen des alten Kanales nach und nach immer mehr herabgekommen, denn es fehlte ihm das süße Wasser. Wer irgend konnte, suchte sich ein anderes Plätzlein auf der Erde; hierher siedelte gewiß Niemand über, denn in Sues gab es keine Quelle, keinen Brunnen, keine Cisterne, — alles Wasser zum Trinken und Kochen mußte aus dem Mosesbrunnen am östlichen Gestade des Rothen Meeres geholt werden. Nach diesem Arschin Musa sind es jedoch sechs Stunden Weges, und das Wasser war also immer ein kostspieliges Ding. Endlich aber verschlämmte das Wasser im Mosesbrunnen, wurde ungenießbar und mußte nun, eben so wie sämmtliche Lebensmittel, täglich von Kairo aus hingebracht werden. Es gab ja weder Schlachtthiere, noch Pflanzen in und um Sues; kein Baum, kein Gebüsch, keine Blume, kein Gras war zu sehen; das einzige Grün, welches in Sues vorhanden, fand sich im Hofe des Englischen Hotels, wo Etwas zu sehen war, das Aehnlichkeit mit einem Grasplätzchen hatte. — So war infolge des Wassermangels Sues ein schmuziges, staubiges Arabernest geworden, welches höchstens 1500 Einwohner hatte, eine Zahl, die sich allerdings nach Einrichtung der englischen Ueberlandpost wieder auf 4000 hob. Seit Abhülfe des Wassermangels aber ist im Verlaufe weniger Jahre die Bevölkerung bis auf 25,000 Seelen gestiegen. Dies ist eine Vermehrung, wie wir sie in so kurzer Zeit fast nur in Amerika und in Australien erlebt haben. Tausende von Arbeitern sind nach Sues gekommen, große und kleine Kaufleute aus allen Nationen, offizielle Vertreter fast aller Staaten, und neben dem alten Sues ist ein neues entstanden, mit großen, massiven Gebäuden, prachtvollen Gasthöfen, glänzenden Läden, Kaffeehäusern, Fabriken, Maschinenwerkstätten und mancherlei anderen großen Etablissements. Ein stattliches Gebäude, auf welchem man die schwarz-roth-weiße Fahne aufgehißt sieht, ist das Norddeutsche Bundeskonsulat. Dieses Gebäude fällt, wenn man in einiger Entfernung die Stadt betrachtet, ganz besonders auf.

Jetzt, da es nicht mehr an süßem Wasser fehlt und dieses nichts mehr kostet, — denn bisher mußte man es maßweise kaufen, — werden Gärten und Rasen angelegt, auch Blumen gezogen; bald wird man um Sues auch Felder sehen und etwas später auch Bäumchen. Gegenwärtig herrscht ein Baueifer in Sues, noch ärger als vor dem Jahre 1866 in Berlin, Frankfurt und Köln. Aber Alles, was geschieht, sieht nicht danach aus, als ob es zu viel wäre. Die Zahl der Reisenden, die jetzt ihren Weg nach Ceylon, Bombay, Goa, Kalkutta, Cochinchina, Singapur, Canton, Batavia, oder nach Sydney, Melbourne, Adelaide, Auckland :c. über Sues nehmen, ist ungeheuer, und namentlich von Engländern wimmelt's, — obwol sie sich über den Kanal ärgern. Allen Respekt vor jenem Moses, der die Juden aus Aegypten geführt und ihnen das Brünnlein mit seinem Zauberstabe in den Felsen geschlagen; aber Lesseps hat es verstanden, ganz andere Fluten des nassen Lebenselementes hierher zu leiten.

Die Hauptarbeiten, welche hier neben dem Süßwasserkanale, dem Seekanale und der Eisenbahn von Ismailia ausgeführt wurden, sind erstens ein großer Hafendamm oder Wogenbrecher, 800 Meter lang; zweitens ein Molo zur Absperrung des östlichen Hafens; drittens Ausbaggerung und Austiefung des schiffbaren Kanales, welcher vom Ankergrunde der Rhede in den Hauptkanal führt; viertens Aufdämmen eines über 20 Hektaren (80 preuß. Morgen) großen Stückes Boden (mit dem bei der Ausbaggerung gewonnenen Materiale), um dem Meere Raum abzugewinnen zur Errichtung von Pack- und Lagerhäusern sowie von Docks; fünftens Errichtung des Eisenbahndammes von der Stadt bis zu den eine halbe Stunde entfernten Docks. Die Stadt hat jetzt zwei Hafenbassins, eines für die Kriegsflotte, eines für die Handels- und Postschiffe, beide mit dem Bahnhofe durch einen Schienenstrang verbunden.

6. Die Bedeutung der neuen Wasserstraße und ihre Zukunft.

Soll ich noch sprechen von der kulturgeschichtlichen Bedeutung des neuen Kanales? Das stellt wol Niemand in Abrede, daß eine Wasserstraße, welche den Weg von Europa nach Ostindien und Australien um Tausende von Meilen abkürzt, von der höchsten Wichtigkeit ist. Alle Häfen des Mittelmeeres haben den Weg um mehr als die Hälfte abgekürzt; Lissabon, Bordeaux, London gewinnen noch etwa die Hälfte, und selbst New-York spart noch über 2000 Lieues, wenn es nicht mehr um das Kap, sondern durch den Sueskanal fährt. Durch die leichtere und schnellere Verbindung, welche jetzt hergestellt ist, wird sich der Verkehr in ungeahnter Weise steigern; Wissenschaft, Kunst, Handel, Alles wird seinen Gewinn davon ziehen; ja, es werden sich Folgen entwickeln, an welche im Augenblicke noch Niemand denkt.

Vergleichung der beiden Seewege: Um das Kap und durch den Kanal.

Seeweg von	um das Kap:	Entfernung bis Bombay durch den Kanal:	Unterschied:
Constantinopel	6100 Lieues,	1800 Lieues,	4300 Lieues,
Malta	5840 —	2062 —	3778 —
Triest	5960 —	2340 —	3620 —
Marseille	5650 —	2374 —	3276 —
Cadir	5200 —	2224 —	2976 —
Lissabon	5350 —	2500 —	2850 —
Bordeaux	5650 —	2800 —	2850 —
Havre	5800 —	2824 —	2976 —
London	5950 —	3100 —	2850 —
Liverpool	5900 —	3050 —	2850 —
Amsterdam	5950 —	3100 —	2850 —
New-York	6200 —	3761 —	2439 —

Der kommerzielle Werth des Kanales wurde so vielfach angezweifelt, daß ich doch noch ein paar Worte darüber sagen möchte.

Es fragt sich zuerst: Ist der Kanal für die Dauer in brauchbarem Zustande zu erhalten? Wird er nicht vom Sande verschüttet werden?

In dieser Beziehung hat man die maßlosesten Dinge gefabelt; — der Kanal sollte eben nichts taugen. Die Wahrheit aber liegt in der Mitte und lautet folgendermaßen:

Der Sand, welcher von den Westwinden gegen den Kanal herangeweht wird, ist von zweierlei Art: grobkörnig, in dichten Massen nah über den Boden hinstreifend, und fein, staubartig, hoch in der Luft fliegend. Jener ist für den Kanal von keiner Bedeutung, denn er hebt sich nicht hoch genug, um über die Dämme weg zu gehen; durch ihn wird nur der Fuß derselben verbreitet, ins Wasser aber gelangt er nicht. Der feine Flugsand indessen geht über die Dämme weg und bringt allerdings eine sehr merkliche Versandung des Kanales zu Stande. Selbstverständlich schaden jedoch die Sandwehen nicht, wo der Kanal elf Stunden weit durch den Menzalehsee geht; der Sand ist längst in den See niedergefallen, ehe er den Kanal erreicht. Ebenso ist es bei den drei anderen Seeen; von El Ferdaneh aber bis El Guisr sind die Dämme zu hoch, und von den Bitterseen bis Suez ist durch die westlich gelegenen Felspartien die Masse des fliegenden Sandes so vermindert, daß sie nicht mehr in Betracht kommt. Seit zehn Jahren hat man die sorgfältigsten Beobachtungen angestellt und herausgefunden, daß nur die Stelle bei Serapeum dem wirklichen Versanden ausgesetzt ist, und zwar blos auf eine Länge von acht Kilometern, d. i. ungefähr zwei Stunden. Genaue Messungen haben ergeben, daß die Versandungsmenge auf 1 Meter Länge monatlich 2 Kubikmeter beträgt; das macht also auf die ganze Strecke 16,000 Kubikmeter monatlich. Nun aber hebt jede der 34 großen Baggermaschinen, welche seit vorigem Jahre in Thätigkeit sind, täglich 2000 Kubikmeter Sand aus; es genügt demnach, um den Kanal stets in gutem Stande zu halten, daß man monatlich nur eine einzige dieser Maschinen 8 Tage lang arbeiten läßt. Zweitausend Kubikmeter machen eine Masse von der Größe eines ansehnlichen, vierstöckigen Hauses. Maschinen von ähnlicher Leistungsfähigkeit gab es bisher noch gar nicht. Stellt man acht solcher Baggermaschinen zugleich in Dienst, für jede Viertelstunde Weges eine, so haben diese in 14 Tagen sämmtlichen Sand, den ein ganzes Jahr in den Kanal geweht, wieder ausgeschöpft; von einer Versandung kann also gar nicht mehr die Rede sein.

Wird der Hafen bei Port Said nicht versanden? was z. B. die Engländer behaupten.

Die Dämme sind so weit in das Meer hinaus geführt, bis dieses 8 Meter (26 Fuß) tief ist; eben so tief sind Hafen und Kanal ausgebaggert, infolge dessen Schiffe von 3000 Tonnen Gehalt darauf fahren können. Der östliche Damm ist 1600, der westliche 2250 Meter ($^5/_8$ Stunden) lang. In dieser Entfernung vom Lande aber und bei solcher Meerestiefe findet keine Versandung mehr statt. Auch sind die Molen überaus praktisch angelegt: an der Landseite sind sie 1400, am Hafeneingange nur 700 Meter von einander entfernt; der Hafen selbst hat eine Fläche von 230 Hektaren, ungefähr 900 preußische Morgen, so daß die größte Flotte hier sicheren Schutz finden kann. Sollte nun selbst durch den verhältnißmäßig nicht breiten Eingang dennoch etwas Sand eingeschwemmt werden, so kann das für den außerordentlich großen und nach innen sich erweiternden Hafen gar nicht von Bedeutung sein. Der westliche Molo ist von Südwest nach Nordost gerichtet, weil im Mittelmeere der Wind 8 Monate im Jahre von Nordwest weht; der östliche geht von Süd nach Nord, weil in den übrigen 4 Monaten des Jahres entschiedener Ostwind herrscht. Kurz, der Hafen von Port Said ist mit sorgfältiger Berechnung der bestehenden Verhältnisse angelegt und giebt zu keinerlei Besorgnissen Anlaß. Was aber den Hafen von Sues anlangt, so sind hier die Dämme 2000 Meter (6- bis 7000 Fuß weit) ins Meer hinaus gebaut. Die Docks sind durch den kolossalen Wellenbrecher, der sehr große östliche Hafen ist durch den mächtigen, von der Landzunge nach Nordwest gehenden Damm vollständig geschützt, und der lange, zwischen Seekanal und Eisenbahndamm tief in das Land eingreifende Nord-West-Hafen, der nur von dem Seekanale aus zugänglich ist, bis zur Stadt Sues reicht, und in welchen der Süßwasserkanal mündet, ist so sicher, daß hier weder an die Gefahren eines Sturmes, noch an die der Versandung zu denken ist.

Werden ferner nicht die Hafen- und Kanalabgaben den Transport so vertheuern, daß man doch den Weg um das Kap vorziehen wird? — Diese Frage bedarf einer eingehenden Erörterung.

Die oben schon angeführte Beständigkeit der Winde im Mittelmeer macht dieses für die Segelschiffahrt sehr unzuverlässig. So ist es z. B. einmal vorgekommen, daß ein amerikanisches Segelschiff von New-York nach Lissabon 4 Tage weniger brauchte, als es zu der Reise von Lissabon nach Neapel nöthig hatte, — die andauernden Ostwinde ließen es nicht vorwärts kommen. Das Segelboot also, welches zur Zeit der Westwinde von Port Said etwa nach Marseille, oder zur Zeit der Ostwinde etwa von Cadix nach Port Said will, ist sehr übel daran.

Ein ganz ähnliches Verhältniß besteht im Rothen Meere. In der nördlichen Hälfte desselben, etwa bis Dschedda, dem Hafen von Mekka, wehen den größten Theil des Jahres sehr entschiedene Nordwinde, und ein Segelschiff fährt von Sues bis Dschedda in 14 Tagen, zuweilen sogar in einer einzigen Woche. In umgekehrter Richtung aber findet auch das Gegentheil statt. Das Schiff muß zuweilen wochenlang liegen bleiben und auf günstigen Wind warten, so daß man die Fahrt von Dschedda bis Sues auf 4 bis 6 Wochen veranschlagen muß. Treffen ungünstige Umstände zusammen, so fällt der ganze Vortheil, welchen der neue Kanal bietet, für das Segelschiff weg. Denn man muß nicht vergessen: nicht die Länge des Weges ist entscheidend für den Werth einer Route, sondern die Zeit, welche man braucht, ihn zurückzulegen.

Will man also sicher sein, daß der kürzere Weg auch nur eine verhältnißmäßig kürzere Zeit kostet, so muß man sich von Wind und Strömung unabhängig machen, d. h. mit Dampf fahren. Allein die Dampfschiffahrt wird durch den ungeheuren Kohlenverbrauch so sehr vertheuert, daß man wol fragen kann: kosten die 37 Tage, welche z. B. ein Dampfer von London durch den Kanal nach Ceylon braucht, nicht vielleicht mehr, als die 100 Tage, welche das Segelboot um das Kap für dieselbe Fahrt nöthig hat? Das ist die entscheidende Rechnung!

Wir haben also einerseits gegen die Benutzung des Kanales den Steinkohlenverbrauch und die Kanalabgabe (10 Francs per Tonne oder Tonnenraum), anderseits dagegen für den neuen Weg in erster Linie Zeitersparniß, d. h. in Geld ausgedrückt, Ersparniß an Lohn für die Schiffsmannschaft. In derselben Zeit und um denselben Lohn können durch den Kanal zwei Fahrten ausgeführt werden, statt der einen um das Kap, — also bei etwa gleicher Ausgabe doppelter Geschäftsgewinn, oder bei gleichem Geschäfte nur die Hälfte der Ausgaben. Ferner kommt uns noch zu Gute eine Ersparung in der Versicherungsprämie. Niemand läßt heutzutage ein Schiff in See gehen, ohne Schiff und Waare zu versichern. Für eine Fahrt von 37 Tagen ist aber nicht die Hälfte an Versicherungsprämie zu bezahlen, als für eine solche von 100 Tagen. Auch dieser Gewinn kann und muß an den Kosten für Steinkohlen abgezogen werden. Weiterhin ist noch die Zinsersparung an dem in Schiff und Waaren steckenden Kapitale in Rechnung zu ziehen. Nehmen wir beispielsweise an, ein Schiff koste eine Viertelmillion Thaler, und es werden auf diesem Schiffe für 100,000 Thaler in Indien gekaufte Waaren nach London transportirt, so müssen auf den Preis dieser Waaren noch die 100tägigen Zinsen von 250,000 und 100,000 Thaler geschlagen werden, wenn das Schiff um das Kap gesegelt, aber nur die 37tägigen, wenn es mit Dampf durch den Suezkanal gefahren ist. Oder, was dasselbe ist, auch diese Zinsen können an den Kosten der Steinkohlen abgezogen werden. Endlich besteht noch ein allerdings nicht in Zahlen ausdrückbarer, aber doch immerhin erheblicher Gewinn in dem Umstande, daß die Geschäfte schneller abgethan und darum den Verhältnissen besser angepaßt werden können, oder, wie der Kaufmann sagen würde: in der Benutzung günstiger Konjunkturen. Es bestellt z. B. ein Londoner Handelshaus eine Waare in Ostindien, die aber bis zum Schlusse des Jahres an Ort und Stelle sein muß, wenn das Geschäft gemacht werden soll; demnach muß sie in Calcutta zu Anfang September abgehen. Nun verändern sich aber die Verhältnisse in London. Der betreffende Kaufmann sieht, daß ihm Andere zuvorgekommen sind, oder daß irgend ein anderes Ereigniß eingetreten, das ihn die Bestellung bereuen läßt. Schon in den ersten Tagen des Oktober ist er zu dieser Einsicht gelangt; — was hilft's ihm? Die Waaren sind abgegangen, er muß sie beziehen, und wenn er sein ganzes Vermögen dadurch verliert! Oder umgekehrt: er findet, daß er das Doppelte, ja das Dreifache hätte bestellen sollen, daß er dann noch Hunderttausende gewonnen haben würde, — —

aber die Fahrt um das Kap kostet von Kalkutta nach London 106 Tage, und das Schiff ist längst in See. — Ganz anders bei der Route durch den Kanal! Da genügt noch Mitte November eine telegraphische Depesche, die Bestellung zurückzunehmen, oder zu verdoppeln, und so kann der Kaufmann **Verluste abwenden und neue Gewinne erzielen.**

Wenn also die eben genannten viererlei Arten des Gewinnes **Mehr** betragen, als Steinkohlenverbrauch und Kanalabgabe, dann wird es vortheilhaft sein, die Waaren durch den Kanal gehen zu lassen; im entgegengesetzten Falle müssen sie den alten Weg um das Kap mit Segelschiff zurücklegen.

Aber was folgt daraus? Die Route über Sues ist um so vortheilhafter, je kürzer sie überhaupt ist, d. h. je weniger Steinkohlen verbraucht werden, und sie wird sich namentlich für **theure Waaren** empfehlen, weil bei diesen die oben gedachten Ersparungen an Versicherungsprämie und Zins am Höchsten sind und am Ersten die Kosten der Steinkohlen decken, ja noch sehr bedeutend überschreiten. Venedig und Triest gewinnen schon, wenn sie Waaren, von welchen der Centner 4 Thaler kostet, per Dampf durch den Kanal gehen lassen; der Engländer profitirt erst von dem neuen Wege, wenn der Centner mindestens 15 Thaler kostet. Das ist ein ganz einfaches und sicheres Rechenexempel.

Es wird sich also immer lohnen, Gewebe und Seide, Baumwolle, Wolle und Leinen, Glas- und Metall-Waaren, Leder, Waffen, Kurzwaaren u. dergl. durch den Kanal zu schicken, von Indien her aber Thee, Gewürze, Zimmet, Kaffee, Färbestoffe, Seide, Elfenbein, Guttapercha und Aehnliches auf diesem Wege zu beziehen; die Häfen des Mittelmeeres (von Venedig dauert die Fahrt nach Ceylon ja nur 27 Tage) können auch noch Zucker und Rum, Pfeffer und Reis, Baumwolle, Galläpfel und verschiedenes Andere sich so kommen lassen.

Sicher ist, daß die Handelsverhältnisse Europas durch den neuen Seeweg mehr oder weniger verändert werden müssen. Triest bezieht künftighin Thee, Gewürze, Guttapercha weit billiger als z. B. Hamburg: es wird also Niemandem mehr einfallen, solche Dinge am letzteren Platze zu kaufen, da sie in Triest wohlfeiler zu haben sind; der enorme englische Theehandel wird zum Theil eingehen, — wir werden nicht mehr die indischen **Waaren über England, vielleicht wird sie in Zukunft sogar England über Deutschland beziehen.** Auch Hamburg und die übrigen Nordseehäfen werden die Veränderung merken; der Kaffeehandel wird sich von Holland an das Mittelmeer ziehen, und Niemand wird in Zukunft mehr „direkt importirte, echt chinesische Tusche" in Hamburg kaufen. —

Weiterhin kann noch eine Frage aufgeworfen werden: „**Wird der Kanal auch einträglich sein? Werden die Aktionäre auch Etwas davon haben?"**

Der Vortheil der Aktionäre steht natürlich auf einem anderen Blatte, als die Rechnung für das handeltreibende Publikum; jene müssen wünschen, daß recht Viel an Kanalabgaben eingeht, allein da sich diese Abgaben nicht nach dem Werthe der Fracht richten, sondern nach Gewicht und Raum, so ist es damit eine eigene Sache. Dinge von großem Gewichte, welche schwer sind, also Viel bezahlten, gehen nicht durch den Kanal, und die theueren Waaren, welche ihn passiren, tragen verhältnißmäßig nicht Viel ein. Die 120 Millionen Pfund Thee, welche wir z. B. jährlich aus China beziehen, und welche einen Werth von 60 Millionen Thaler haben, tragen (da 1000 Pfund einen Tonnenraum einnehmen und somit 10 Franks bezahlen) der Kanalgesellschaft nur 1,200,000 Francs ein, — die Abgabe erhöht bei uns den Preis des Pfundes um etwa 1 Pfennig.

Welche Zinsen die Aktionäre in Zukunft beziehen werden, läßt sich jetzt noch nicht sagen. Die Verwaltung des Kanales aber rechnet so:

Aktien-Kapital 200 Millionen Franks, Lotterie-Anlehen 100 Millionen Franks, zusammen 300 Millionen Franks. Dafür besitzt sie noch sehr große Länderstrecken an den Ufern des Kanales, namentlich bei Port Said, die nach dem jetzigen Preise des Bodens schon 300 Mill. eintragen würden, und doch ist noch ein sehr bedeutendes Steigen des Preises mit Gewißheit anzunehmen. Die großen Magazine mit ihren Vorräthen in Kairo, die Besitzthümer der Gesellschaft in Damiette und ihr Haus in Paris werden zusammen zu 2 Mill. angeschlagen, so daß eigentlich die ganze Kapitalanlage abbezahlt werden könnte, wenn — — die Käufer für den Boden schon da wären. Uebrigens versteht es sich von selbst, daß man das auch gar nicht wünscht, eben weil der Preis des Bodens noch steigen muß. Es handelt sich also um die Einnahmen vom Kanale selbst.

Aber damit ist's nun freilich so eine eigene Sache. Wie viel Waaren den Kanal passiren, wie groß also die Einnahmen sein werden, — wer kann das schon im Voraus wissen?! Man kann Vermuthungen aufstellen und nach Wahrscheinlichkeit berechnen, aber das Resultat dieser Berechnung wird immer nach der ganz individuellen Ansicht, nach Gunst, oder Mißgunst, Besorgniß, Hoffnung und Zuversicht bestimmt sein. Ein wohlunterrichteter Sachverständiger schätzt die Waarenmenge, welche den Kanal in einer oder der anderen Richtung passiren wird, auf jährlich 700,000 Tonnen, was eine Einnahme von 7 Millionen Franks gibt. Davon rechnet er nun 2 Millionen für Unterhaltung des Kanals, der Leuchtthürme, Häfen, Bezahlung der Beamten und dergl. ab, bleiben fünf Millionen, welche gerade genügen, das letzte Anlehen von 100 Millionen mit fünf Prozent zu verzinsen. Die Aktionäre aber erhielten für ihre 200 Millionen gar Nichts.

Ganz anders kalkulirt Lesseps selbst. Er rechnet, daß 12 Millionen Tonnen Waaren jährlich nach Indien, oder von da zurück nach Europa gehen. Von diesen, denkt er, wird doch wenigstens die Hälfte den Kanal passiren, und das machte eine Einnahme von 60 Millionen Franks. Davon kann man nun ganz nach Belieben für Unterhaltung des Kanals abrechnen; es bleibt in jedem Falle noch mehr als genug übrig, um das ganze Kapital reichlich zu verzinsen und durch Abtragung schnell zu verringern.

Mag nun auch Lesseps für sein Unternehmen so begeistert sein, daß er Alles in besonders rosenfarbenem Lichte erblickt und günstiger ansieht, als andere Leute; so ist er doch ein sehr erfahrener Mann, der seine gründlichen Studien über den Handel mit Indien gemacht hat und der, vierundsechzig Jahre alt, doch auch nicht mehr in Jugendhitze über das Ziel hinaus springt. Nimmt man das Mittel obiger beiden Schätzungen, eine jährliche Einnahme von 33 Millionen, so kann das ganze Anlage-Kapital noch mit 10 Prozent verzinst werden.

Eines muß noch ausdrücklich erwähnt werden: Man hat bis jetzt als ganz entschieden angenommen, daß die Steinkohlen den Transport durch den Kanal nicht vertragen, daß sie nicht auf Dampfschiffen verbracht werden können, weil sie dadurch zu sehr vertheuert würden, und weil es gerade bei den Kohlen weniger auf den schnellen Transport ankommt. Vielleicht aber können sie auch mit Segelschiffen den neuen Weg befahren, wenn diese die Zeit wählen, in welcher vorzugsweise die Westwinde im Mittelmeer herrschen. Durch den Kanal werden die Schiffe dann von Dampfern geschleppt, und im Rothen Meere treibt sie der Nordwind wieder nach Süden. Hiernach wäre jedenfalls dieser Weg vorzuziehen, und mit dem Kohlentransporte wäre dem Kanale eine sehr bedeutende Einnahme gesichert.

Uebrigens bringt jedes Jahr Verbesserungen in der Schifffahrt, und jede Vervollkommnung der Dampfmaschinen, jeder Vortheil in der Feuerungsmethode, wodurch Kohlen gespart werden, führt dem Kanale neue Frachten zu. Ja, es werden sich Handelsartikel finden, an deren Verschiffung man bisher gar nicht gedacht hat, weil man sie nicht vier Monate auf dem Wasser lassen kann. Ehe Dampfschiffe den Kontinent mit England verbanden, bezogen die Londoner noch nicht Eine Kirsche von uns, — das Obst wäre auf dem Transporte faul geworden; die Dampfer aber bringen nun in Schnelligkeit Alles hinüber, und wir lösen jährlich eine ganz respektable Summe für Obst. So wird auch dieser und jener Handelszweig sich ausbilden, an welchen bisher Niemand gedacht hat.

Mag aber auch der Ertrag ausfallen, wie er will, so viel ist gewiß, der Kanal hat Leben in die Wüste gebracht, und durch ihn wird in einem halben Jahrhunderte alles Land an der neuen Wasserstraße bis zum Nile urbar und bewohnbar gemacht werden. Ismail wird sein Land um die Größe eines Königreiches erweitert haben; Millionen Menschen werden da wohnen und ihres Lebensunterhalt erwerben können; — **das ist eine Eroberung, die uns Achtung abzwingt.** Das Land ist nicht anderen Menschen geraubt; es ist der **Wüste** abgerungen. Das ist keine Eroberung, die Thränen ausgepreßt, die vieles Glück zerstört und Wohlstand vernichtet hat; hier ist kein Schlachtfeld mit ächzenden Sterbenden und blutigen Leichen; keine Unterworfenen fluchen dem Sieger. Segen wird herabgefleht auf das Haupt Dessen, welcher der Wüste das Lebenselement gespendet, des Niles kostbares Wasser in ferne öde Gegenden gebracht hat.

Das Heer der Arbeiter, welche hier mit Hacke und Schaufel die Schrecknisse der Wüste bekämpft, hat ein edleres Werk vollbracht, als je irgend eine Armee Europas, und sein Lorbeer ist nicht mit Blut befleckt, sein Weg zum Sieg wird nicht durch Leichen und zerstörte Städte, zertretene Felder und rauchende Aschenhaufen niedergebrannter menschlicher Wohnungen bezeichnet; nein, dieser Feldzug hat **aufgebaut und Menschenglück dauernd begründet.** —

Der Feldherr aber an der Spitze dieses Heeres heißt Lesseps, und sein Name wird von späten Geschlechtern noch gesegnet werden, wenn menschenschlachtende Würgengel längst der Geschichte verfallen und von ihr gerichtet sind.

Das waren so ungefähr meine Gedanken, als ich am Abende vor meiner Abreise und Rückkehr nach Kairo an der Rhede von Sues saß und in das tiefblaue, sogenannte Rothe Meer hinaus schaute. Die Sonne war untergegangen, dunkelschwarz schaute der mächtige Dschebel Attaka, der jetzt in tiefem Schatten lag, herüber, und ein kühler Wind wehete vom Meere her. Um mich her saßen, lagen, standen, lauerten Hunderte von Personen aller Nationalitäten und erfreuten sich des frischen Lüftchens und genossen den erquickenden Abend; — es war wieder ein schwüler Tag gewesen. Hier lag ausgestreckt, das rechte Bein über das linke geschlagen, ein Engländer und las krampfhaft in seiner Zeitung. Nach zehn Minuten legte er das linke Bein über das rechte, redete kein Wort, sah sich nicht um, nahm von nichts um ihn her Notiz und las still weiter. Für ihn war er mit seiner Zeitung allein auf der Welt. — Nicht weit davon schlenderten ein paar Franzosen mit einander auf und ab, machten über Alles ihre Bemerkungen und lachten einmal über das andere Mal laut auf. — Einige Schritte weiter hockten zwei Italiener und würfelten mit einander. Nach wenigen Minuten waren sie in Zank gerathen, und Einer hatte bereits das Messer gezogen. — Ihnen zur Seite knieeten ein paar braune Nubier, die außer der Kleidung des Paradieses nur ein gar armseliges Tüchlein um die Lenden gebunden hatten. — Hinter mir hörte ich arabisch sprechen, und aus einiger Entfernung schallte leise ein einstimmiger deutscher Männerchor zu mir herüber. — Ich träumte, genoß und — trauerte; denn morgen reiste ich ab, und ehe 14 Tage vergingen, war ich wieder auf der kalten europäischen Erde.

Da trat ein kleiner, untersetzter Mann in abendländischer Kleidung, das rothe Feß auf dem Kopfe, vor mich hin, grüßte mit steifer Haltung, indem er militärisch zwei Finger an die Kopfbedeckung legte, und sprach: „Ich heeße man Friedrich Wilhelm Schultze, jebürtig in Küstrin, seit zwanzig Jahren in Sues, Jeschäft als Tüncher, Firma: Robinson und Compagnie; — wenn Sie man Was brauchen, bitte, schenken Sie mich die Ehre!"

Hatte mich der vermaledeite Küstriner um all meine süße Wehmuth betrogen und mich sogar zum Lachen gebracht! Aber, es war einmal geschehen, und so bat ich Herrn Friedrich Wilhelm Schultze, sich zu mir zu setzen, und unterhielt mich noch ein Halbstündchen recht gut mit ihm. — Er war in jungen Jahren so eine Art Thunichtgut gewesen, — und warum sollte er in Küstrin bleiben? Die Welt war ja viel größer. So kam er nach mancherlei Irrfahrten hierher und ließ sich hier bleibend nieder. Er hatte noch aus dem Mosesbrunnen getrunken; hatte dann die Zeiten mitgemacht, da eine Flasche Wein und eine Flasche Wasser fast denselben Preis hatten; und jetzt erging er sich in überschwenglichem Lobe für Lesseps, der des frischen Wassers die Fülle geliefert. „Sehen Sie," sprach er zu mir," der ist man ein doppelter und dreifacher Moses."

Da es übrigens nicht fortwährend Etwas zu tünchen gibt, so beschäftigt sich Herr Friedrich Wilhelm Schultze auch mit anderen Dingen; er übernimmt alle Arten von Besorgungen, vermietet den Fremden Wohnungen, besorgt Einkäufe und ist überhaupt der brauchbarste und gewandteste Kommissionär, den man sich nur denken kann. Ganz Sues kennt und gebraucht ihn, und wer ja einmal an die Ufer des Rothen Meeres kommt, dem empfehle ich bestens die Firma: Robinson und Compagnie.

„O, mein Gebieter," tönte auf einmal die Stimme meines Burschen, Mehmed, „willst Du nicht in Deinen Gasthof zurückkehren?" — Ja, er hatte Recht; es war Zeit. Ich ging in mein Hotel und fuhr am andern Morgen nach Ismailia. „Jetzt ist's aus," sprach ich wehmüthig zu Mehmed, als ich in den Wagen stieg. Aber er antwortete mit seiner morgenländischen Glaubensstärke: „Ja, Effendi, Du wirst auch wiederkommen! Als Du vor etlichen Jahren das Land der Palmen und Pyramiden verließest, gedachte auch Dein Herz nicht, daß es Deine Augen wiedersehen würden, und Du weintest. Doch, Allah hu akbar, Gott ist sehr groß, und er hat Dich wieder hergeführt in das Land Deiner Sehnsucht auf die heilige Erde, und Du hast getrunken von dem süßen Wasser des Nil. Darum, so laß Deine Seele freudig sein und hoffen, Dein Weg wird Dich zum dritten Male hierher geleiten, Gott ist barmherzig, Allah, kerim!"

Und ich muß gestehen, mich überkam wirklich die Hoffnung, zum dritten Male das Land der Pyramiden zu besuchen, und ich antwortete dem guten Diener: „Wenn ich je wiederkomme, werde ich Dich auch wieder aufsuchen." Und Mehmed kreuzte die Arme auf der Brust, beugte das Haupt und sprach: „Inschallah," so Gott will.

In Ismailia blieb ich noch einmal im Hotel des Voyageurs über Nacht, dann noch einmal in Kairo und noch einmal und noch einmal, — der Abschied fiel mir schwer. Ich nahm mir ein Fläschchen Nilwasser mit und ein Schächtelchen Erde. Als ich aber auf dem Lloyd-Dampfer von Alexandria abgefahren war, und Häuser und Palmen und Leuchtthurm allmählich meinen Blicken entschwanden, da wurde mir sonderbar zu Muthe. Der erste Abschied von Aegypten hatte mir nicht annähernd so leid gethan, als der zweite. Doch, — ich will hoffen! Zum dritten Male nach Aegypten zu kommen, ist lange kein solches Wunder, als ohne Fackel den Weg aus den Katakomben von Sanun zu finden. Und so hoffe ich denn, doch noch einmal an die Ufer des Nil reisen zu können, in seinen Palmenwäldern zu lustwandeln, seine Pyramiden zu ersteigen, seine Tempel zu besuchen und abermals in seine Felsengräber zu kriechen, —

Inschallah!

Der Walfischfang in der Südsee.

(Vergl. „Aus Onkels Reisemappe", IV. Samml. der „Welt der Jugend", S. 129, 145, 150; V. Samml., S. 208; VI. Samml., S. 29.)

In der Jasminlaube des Försterhauses.

Es war am Vorabend des Tages, auf welchen unser werther Gast, der Seekapitän Lehmann (welchem wir u. A. die interessante Erzählung einer Pantherjagd auf dem Schiffsdeck verdankten) seine Abreise endgültig festgesetzt hatte. Die bestimmte Stunde, zu der man sich noch einmal in seiner Gesellschaft versammeln wollte, war herangekommen. Der uns Allen lieb gewordene Kapitän hatte nämlich angekündigt, noch zu guter Letzt einige weitere Erzählungen aus der jüngsten Zeit seines Reiselebens zum Besten zu geben. Zufällig hatte unter den Zeitungsnachrichten des Tages sich gerade ein kurzer Bericht gefunden, der von der ungewöhnlich reichen Ausbeute des Jahres (1870) an Walthieren Kunde gab. So knüpfte der Gast an dieses interessante Thema um so lieber an, als ihm für diesen Gegenstand ein reicher Schatz eigner Erfahrungen und Erlebnisse zur Seite stand.

Viel, sehr viel (begann er) ist schon in Büchern wie Zeitungen über den Fang der Walfische erzählt worden; dennoch finden sich noch immer, namentlich im Binnenlande, die irrigsten Vorstellungen darüber verbreitet. Nur wenige Menschen scheinen eine klare Vorstellung davon zu haben, wie jene Thiere gefangen, ihr Fett oder Speck gewonnen und ausgebraten wird. Auch über die Natur und Lebensweise dieser seltsamen Wassersäugethiere, über welche schon seit alter Zeit viele Fabeln mit manchem Wahren untermischt im Umlauf sind, bestehen noch heutzutage bei den meisten Menschen manche wunderliche, sehr weit von der Wirklichkeit sich entfernende Anschauungen. Es ließe sich hierüber Stunden lang sprechen, ohne doch das interessante Thema gänzlich zu erschöpfen. Da aber die Zeit drängt, so will ich zunächst aus meinen eigenen Erfahrungen über den Walfischfang, vornehmlich in der Südsee, Einiges mittheilen und kann, sofern noch Zeit genug bleibt, auch über das eigentliche Wesen jener sonderbaren Meergeschöpfe (Säugethiere in halber Fischgestalt) näheren Aufschluß geben, so weit ich nicht bereits bei Erzählung meiner Abenteuer darauf Rücksicht zu nehmen Gelegenheit fand.

Vorerst müssen wir uns gleich über die verschiedenen Arten der „Walfischfänger" verständigen; so nennt man nämlich die zum Walfischfang ausgerüsteten Schiffe, und unterscheidet hierbei den „Südseefahrer" von dem „Grönlandsfahrer". Der „Südseefahrer" oder „Whaler" (gesprochen Huehler) ist einzig und allein zur Jagd auf Walfische bestimmt; er umsegelt oft die ganze Erde, um die verschiedenen Punkte aufzusuchen, an welchen sein Wild sich aufzuhalten pflegt. Ein solches Fahrzeug bleibt deshalb nicht selten drei bis vier Jahre der Heimat fern, nur den einen Zweck verfolgend. Anders verhält es sich mit dem Grönlandfahrer. Dieser wird in erster Linie mit ausgerüstet, um Seehunde zu fangen. Sollte er auf seiner Fahrt einem Walfisch begegnen, so hat er allerdings auch für dessen Fang Werkzeuge an Bord. Verproviantirt werden diese letzteren Fahrzeuge meist auf sechs bis sieben Monate. In der Regel gehen die Grönlandsfahrer im Februar oder März in See, segeln direkt nach Norden oder auch nordöstlich bis Jan Mayen und Spitzbergen, je nachdem sich hier oder dort eine bessere Aussicht auf den Fang von Seehunden zu bieten scheint. So kommen sie oft schon im Mai oder Juni wieder zurück. Ich selbst bin nie auf einem Grönlandsfahrer, sondern nur auf Südseefahrern thätig gewesen und denke deßhalb vorzugsweise das Verfahren dieser letzteren beim Walfischfange Euch vorzuführen.

Es giebt wol keine Stadt auf der Erde, welche mehr Interesse für den Walfischfang gezeigt hat, als New-Bedford im Staate Massachusetts. Dieser Ort hat die größten Whaler-Rhedereien und ist nur durch Walfischfang und Thranhandel reich geworden. Die meisten Südseefahrer, Deutsche, Franzosen, theilweise auch sogar Engländer, segeln, ehe sie auf den Fang gehen, von ihrer Heimat zunächst nach New-Bedford, um dort das Fischergeräthe, Harpunen, Lanzen, Leinen u. s. w. einzunehmen und hauptsächlich auch Harpunirer oder Bootssteuer und Steuerleute zu engagiren, da New-Bedford ein Hauptsammelplatz für alle Walfischfänger ist und das beste Fischergeräth liefert. Doch segeln Manche auch direkt nach Honolulu auf den Sandwichsinseln, einem andern Hauptverkehrsplatz für Walfischfänger.

Die Südseefahrer sind meist alte Kauffahrteischiffe, welche als solche längst ausgedient haben und nun von Whaler-Rhedereien aufgekauft, für ihre neue Bestimmung umgetakelt und ausgerüstet werden. In ganz neuster Zeit findet man aber auch bessere und neuere Schiffe unter Walfischfängern. Noch im Jahre 1860 war ich selbst auf einem New-Bedforder Whaler mit Namen „Maria Teresa" thätig, welcher damals schon 112 Jahre gedient hatte. So oft ich dies Seeleuten erzählt habe, bekam ich ein ungläubiges Lächeln zur Antwort und doch verhielt es sich so. Das Schiff, eine ehemalige englische Fregatte, hatte zur Zeit der amerikanischen Revolution in Boston gelegen, wurde damals den Engländern von den Amerikanern genommen und hißte zuerst von allen Fahrzeugen das amerikanische Sternenbanner auf. So war es das erste amerikanische Kriegsschiff, später ein Kauffahrteischiff, zuletzt ein Whaler. Das Ende dieses Schiffes ist, daß es zwei Jahre später, 1862, mit Steinen beladen vor Charleston versenkt wurde, um den Hafen zu blockiren. So haben auch Schiffsfahrzeuge ihre Geschichte und wenn man will eine Art Lebenslauf. Ob an dem erwähnten Fahrzeuge nach seinen vielen Reparaturen noch viel von dem Holze, aus dem es ursprünglich gezimmert war, vorhanden gewesen, bezweifle ich freilich, doch läßt es sich nicht bestreiten, daß das Schiff über Wasser 114 Jahre gesehen hat.

Ein „Südseemann" ist im Grunde nicht anders getakelt als ein Kauffahrteischiff; er hat aber im obersten Theil des Fockmastes sowie des großen Mastes noch eine Oberbrammsahling: zwei Stücken Holz vor und hinter dem Maste rechtwinklig zu demselben und oberhalb des Brammsegels (des dritten Raasegels von unten gezählt); auf derselben kann ein Mann sitzen, um nach Walfischen auszuspähen und wenn solche in Sicht, es nach dem Verdeck zu melden (rapportiren). Auf der Sahling des Fer- oder Fockmastes nimmt zu diesem Zwecke ein Matrose Platz, auf der großen Sahling ein Harpunirer, auch Bootssteurer genannt. Wenn das Schiff über die Beringsstraße hinaus in das nördliche Eismeer segeln soll, um dort auf den Fang des gemeinen oder grönländischen Walfisches (engl. right whale) zu gehen, so ist das Unterschiff außerdem noch vorn am Bug mit starken Eisenplatten versehen, um dem Eise besser Trotz zu bieten; auch haben diese Schiffe einen stärkeren Vordersteven (Steven beim Schiffe vorn und hinten dasselbe, was der Kiel unten am Schiffe ist).

Bei der Bemannung eines Südseefahrers hat der eigentliche Kapitän, welcher das Schiff selbst und das Kommando während der Seereise führt, noch einen zweiten Kapitän, der vom Seewesen selbst nichts zu verstehen braucht, für die Leitung des Fanges neben sich; in den meisten Fällen aber, um der Rhederei doppelte Ausgaben zu ersparen, leitet der eigentliche Kapitän des Schiffes auch zugleich den Fang mit. Der nächste nach dem Kapitän ist der Schiffssteuermann, er vertritt den Kapitän in dessen Abwesenheit. Dann folgen vier bis sieben Steuerleute, je nach Anzahl der Boote, die das Schiff mit sich führt, und eben so viel Harpunirer oder Bootssteurer; dann ein bis zwei Böttcher, ein paar Zimmerleute, ein Schmied, ein Koch und Stewart, ferner die Matrosen, Leichtmatrosen und Jungen, so daß ein Südseefahrer mittlerer Größe im ganzen eine Besatzung von 40 bis 50 Mann zählt. Ein solcher führt fünf bis sechs Boote bei sich, und jedes Boot ist während des Fanges mit einem Steuermann, einem Harpunirer und vier Matrosen bemannt. Zur Ausrüstung jedes Bootes gehört auch ein langes, scharfes Messer zum Kappen der Leine, ferner eine Axt, beides im Bug des Bootes befindlich. Auf der Steuerbordseite (rechts) sind ferner vier bis fünf Harpunen und an der Backbordseite (links) eben so viel Lanzen aufbewahrt und durch getheertes Segeltuch vor dem Rosten durch Seewasser geschützt. In der Mitte des Bootes stehen zwei bis drei abgesägte Tonnen, deren jede etwa 60 Faden (112 Meter oder 360 Fuß) Leine enthält. Letztere ist etwas stärker als ein Finger und aus gutem Manillahanf geschlagen, der geschmeidiger und deshalb in der Nässe leichter als getheerter russischer Hanf zu handhaben ist. Das Boot hat einen Mast mit ein oder zwei Segeln, jeder Matrose führt ein Ruder, „Riemen" genannt; auch der Steuermann hat eines zum Steuern. Eine Anzahl ganz kleiner Ruder, deren Schlag möglichst schwach auf das Wasser fällt, ist noch zum Gebrauch bei Annäherung an den Walfisch vorhanden; denn ein Wal hat vor einem Boote gerade so viel Respekt, wie ein Hase vor dem Jäger. Hört ein Wal Ruderschlag, so zieht er gerade **gegen den Wind**, und macht es den Verfolgern im Boote unmöglich, ihn einzuholen. Weiterhin befindet sich in dem Boote noch ein Bootskompaß und von sonstigem Bedarf ein Fäßchen mit Trinkwasser, ein Kochkessel, Holz und Proviant auf einige Tage. Am Hintertheil ist ein rundes dickes Stück Holz (Pollen) festgemacht, woran die Leine angebunden werden kann.

Die Boote sind entweder aus dem Holze unserer vaterländischen oder auch amerikanischen Fichte gebaut, vorn und hinten spitz oder scharf und von großer Leichtigkeit. Sie hängen auf beiden Seiten des Schiffes in hölzernen, seltener in eisernen Krahnen und müssen fortwährend mit Allem versehen sein, um jeden Augenblick ohne langen Verzug in See stechen zu können. Mitten auf dem Schiffe hinter der großen Luke und vor dem großen Mast stehen zwei Kessel in Ziegelsteine eingemauert. In diesen Kesseln wird der Speck ausgebraten und das Oel oder der Thran fließt aus ihnen durch einen Hahn und mittels eines ledernen Schlauches hinunter in den Schiffsraum und in die dort befindlichen Fässer. (Der Grönlandsfahrer bratet seinen Speck nicht aus, sondern schneidet ihn in Stücke und bringt ihn in Fässer verpackt an Land.)

Ich muß nun von der eigentlichen Waffe der Walfischfänger, nämlich der Harpune, etwas mittheilen, von welcher manche nicht ganz richtige Anschauungen im Schwange sind. Habt Ihr ein solches Werkzeug schon einmal mit eigenen Augen gesehen? Nein! Nun so denkt Euch einen langen eisernen Stab und daran eine stählerne Spitze. Das weiche Schmiedeeisen des Stabes giebt den Wendungen des angestochenen Fisches in allen Richtungen nach, d. h. es biegt sich, ohne zu brechen. Der etwa anderthalb Meter (vier bis fünf Fuß) lange Stab ist nur etwas stärker als ein gewöhnlicher Zimmermannsbleistift, wird aber am hintern Ende breiter und hat hier eine Oeffnung, an welcher man ein Stück Holz, einen Knüppel einfügt, um einen möglichst sicheren und kräftigen Wurf zu erzielen. Die gestählte Spitze bildet einen Theil für sich und ist am Ende des Stabes durch ein Scharnier (Gelenk) befestigt.

Vor dem Wurfe steht die Spitze in derselben Richtung wie der Stab und ist zu diesem Zwecke an dem letzteren durch ein kleines Stäbchen von weichem Holz befestigt. Ist die Harpune geworfen und tief genug eingedrungen, so bricht durch den Ruck des Fisches das Holzstäbchen, die Spitze klappt um, stellt sich rechtwinklich zum Stabe (Fig. III.) und hält so den Fisch an seinem eigenen Fleische oder an einer Sehne fest. An dem hinteren Ende des Eisenstabes ist zunächst ein Stückchen Leine befestigt, an welche weiterhin eine große Leine angeknüpft wird. Die Harpune hat nicht den Zweck den Wal zu tödten, sondern nur ihn in dem Bereiche des Bootes so lange fest zu halten, bis der geeignete Augenblick gekommen ist, wo der Steuermann ihm mittels der eisernen oder stählernen Lanze den Todesstoß versetzen kann.

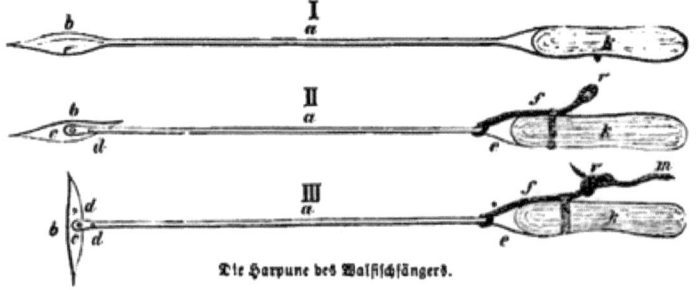

Die Harpune des Walfischfängers.

I. Die Harpune mit dem Knüppel. II. Einrichtung der Harpune vor dem Wurf. III. Die Harpune nach dem Wurf im Leibe des Thieres. a. Der Eisenstab. b. Die Stahlspitze. c. Scharnier zur Verbindung beider durch d kleines Holzstäbchen. e. Hinteres Ende des Stabes. f. Die kurze Leine am Stab. k. Der Knüppel. m. Die große Leine verbunden bei v mit der Stableine.

Segeln wir nun mit einem gut ausgerüsteten New-Bedforder Whaler von New-Bedford ab mit dem Auftrage der Rhederei, so bald als möglich in Honolulu, dem Hauptstapelplatz der Südseefahrer im Stillen Ocean, einzutreffen, wenn wir nicht unterwegs auf Walfische stoßen sollten. Wir steuern zu diesem Zweck südlich, lassen die Bahamainseln und Westindien an Steuerbordseite von uns liegen, segeln weiter mit dem Nordostpassatwinde bis unter den dritten Grad nördlich der Linie (Aequator), wo sich der sogenannte Mal-Passat oder veränderliche Winde einstellen. Die Wachen in der Vor- und großen Oberbrammsahling werden von den Matrosen und Harpunirern, welche auf Walfische auszulugen haben, regelmäßig abgelöst; aber es vergeht noch mancher Tag, ohne daß ein Wal in Sicht käme. Wir haben glücklich die veränderlichen Winde an der Linie passirt und segeln schon unter dem vierten Grade südlicher Breite mit dem Südostpassatwind immer nach Süden. Auf einmal ertönt von der Spitze des großen Mastes der Ruf: „Da blasen sie!"

Das ist der gewöhnliche Ruf der Walfischfänger, wenn ein oder mehrere Wale zu sehen sind, oder wenn man nur den in die Höhe geblasenen Wasserstrahl eines Walfisches sieht. Plötzlich wird Leben an Bord. Derjenige Theil der Mannschaft, welcher in den Kojen liegt um zu schlafen, wird von den wachthabenden Steuerleuten an das Deck gerufen. „Alle Hände an Deck" schallt es durch das Schiff. Der Kapitän, es ist nur einer an Bord, geht mit dem Fernrohr das Takelwerk in die Höhe, um zu sehen, was für eine Art von Walfisch sich gezeigt hat. Während aber unten sich Alles zum Fange anschickt, erkennt er bereits durch sein Glas, daß das Wild nicht des Jagens werth ist, und „Finnfisch!" ruft er mißmuthig an Deck.

Die Mannschaft, welche schon bei den Booten bereit stand, um sie sogleich in See zu lassen, geht wieder an ihre gewöhnliche Arbeit, die andere, welche unnöthig aus ihrem Schlaf gestört wurde, wieder schlafen und Alles zeigt wieder dasselbe Aussehen wie vorher.

Der Finnfisch (oder Finbad wie ihn der Amerikaner nennt) ist ein Wal, welcher zwar einen sehr guten Thran, jedoch in zu geringer Menge liefert, als daß sein Fang Zeit und Mühe lohnte, außerdem ist er der schnellste und gefährlichste aller Walfische. Man kann ihn leicht durch die Floße oder Finne, welche er auf den Hintertheile des Rückens hat und welche die Südseefahrer der Aehnlichkeit halber „Gaffstopsegel" nennen, überdieß auch durch die Art und Weise wie er sein Wasser in die Höhe bläst, von den anderen Walfischen unterscheiden. Es giebt nämlich mehrere Arten von Walfischen, welche der Whaler ihres geringen Speckgehaltes wegen oder weil sie kein Fischbein besitzen, nicht jagt. Die ihm erwünschtesten sind der gemeine oder grönländische Walfisch (right whale), der Pottfisch (sperm whale), der südliche oder australische Wal (southern whale); weniger gut der schwarze Wal (black fish), Teufelsfisch (devil fish) u. s. w. — Alle diese Walthiere gewähren den Menschen durch ihr Fleisch und Fett, Fischbein und Haut bedeutenden Nutzen, und man hat sie daher seit alten Zeiten zu einem lohnenswerthen Gegenstande der Verfolgung gemacht. Schon König Alfred von England im neunten Jahrhundert kannte diese Jagd, welche bald darauf sehr eifrig von den Isländern betrieben wurde. Auch die Basken galten im Mittelalter für geschickte Walfischfänger und beschäftigten sich bereits mit weiten und gefahrvollen Unternehmungen solcher Art. Hanseaten und Dänen, Engländer und Franzosen wetteiferten in diesem Gewerbe, dessen Einträglichkeit man daraus bemessen kann, daß sich durchschnittlich aus einem erlegten Walfisch ein Reinertrag von etwa fünftausend Thalern ziehen läßt. Zu Ende des siebzehnten Jahrhunderts rüsteten allein die Holländer gegen 300 Schiffe für den Walfischfang aus; sie errichteten sogar auf Spitzbergen, dessen nachbarliche Gewässer damals noch ziemlich von Walfischen bevölkert waren, die Niederlassung Smeerenberg, mit umfangreichen Thransiedereien. Heutzutage gelten die Nordamerikaner als kühnste und betriebsamste Walfischfänger; sie sollen zu diesem Erwerbszweige mehr Fahrzeuge und Mannschaften, als alle übrigen Nationen zusammen ausrüsten.

Der gemeine grönländische Walfisch.

Der Potwal.

Um nach diesen Zwischenbemerkungen in der Schilderung unserer Fahrt weiter zu gehen, so erwähne ich, daß wir nach dem Durchgang durch den Südostpassat schließlich auf der Höhe des La Platastromes anlangten, wo wir einige Tage, ohne Land zu sehen, verweilten. Es halten sich dort gewöhnlich Potwale der Nahrung halber auf, welche aus Kopffüßlern besteht. Da uns aber ein lohnenswerthes Thier nicht in Sicht kam, so setzten wir am dritten Tage wieder alle Segel bei, um nach dem Kap Horn zu gelangen. Unterwegs wird einmal wieder von der Spitze des Mastes ein Walfisch angekündigt. Die Mannschaft steht abermals bereit bei den Booten, der Kapitän erklimmt das Takelwerk und verkündet, daß es diesmal ein Pottfisch (sperm whale) ist, erkennbar an dem hohen Strahl, den der Fisch nach v o r n hin bläst. Die Boote werden nieder gelassen, Alles ist zum Fang bereit; der Kapitän verläßt das Thier mit keinem Auge. Da gewahrt er zu seinem Schreck, daß der Wal bereits Gefahr gewittert hat und gerade gegen den strengen Nordostwind in die Höhe geht. Sofort giebt er Befehl, die Boote wieder zu hißen. Die freudige Hoffnung der Mannschaft war auch diesmal getäuscht, denn wenn der Wal gegen den Wind angeht, ist es wie gesagt unmöglich ihn einzuholen. Dies passirt dem Südseewaljäger oft genug. Er sieht bald hier bald dort Wale und kann nicht das Geringste thun, um sie zu fangen, weil er von vorn herein weiß, daß jede Mühe vergeblich wäre. Oft geschieht es aber auch, daß ein Schiff von New-Bedford nach Honolulu sechs Monate lang unterwegs ist und noch nicht einmal einen Wal zu s e h e n bekommen hat.

Segeln wir weiter, erreichen Kap Horn und umfahren es mit einer schönen östlichen Brise in zwei Tagen (eine Seltenheit) und ändern nun unsern Cours wieder in Nord und Nordwest, passiren die Linie zum zweiten Male und erreichen endlich Honolulu auf der Insel Oahu, Hauptstadt und Residenz des Königs Kamehameha III. Es ist gerade im Dezember und der Hafen liegt gedrängt voll Südseefahrern. Man sieht hier an 250—300 Schiffe, von denen fünf Sechstheile Whaler sind. Sie sind von der sogenannten Whalersaison vom ochotzkischen Meerbusen, von dem Eismeer, den japanesischen Inseln, der kalifornischen Küste u. s. w. nach Honolulu zurückgekehrt, um ihr gewonnenes Oel hier an Land zu bringen und es durch Kauffahrteischiffe nach der Heimat zu senden, sich für die neue Saison frisch zu verproviantiren und auf dem Schiffe die nothwendigen Reparaturen vorzunehmen. Auch wir nehmen frischen Proviant und Wasser ein, und die Boote, Leinen, Harpunen, Lanzen und sonstigen Werkzeuge werden nachgesehen, ob sie noch gut im Stande sind, denn jetzt geht es erst so recht eigentlich auf den Fang. Zunächst denken wir noch einige Zeit in diesen Tropengegenden zu verbleiben, dann aber, etwas später im Jahre, nach dem ochotzkischen Meere zu segeln, wo sich in der Regel eine große Menge Walfische, vorzüglich der südliche Wal aufhält. Der letztere nährt sich wie die meisten Wale von einer kleinen Sorte Quallen, welche im ochotzkischen Meere, vorzüglich in dem Theile, welcher Schantarbay heißt, zu Milliarden anzutreffen sind.

Wir haben Honolulu schon sechs bis acht Tage verlassen, als wir wieder einen Pottwal in Sicht bekommen. Es lohnt sich diesmal der Mühe, die Boote auszusetzen. Zwei Boote werden in See gelassen, die Bootssegel aufgehißt, denn der Wind ist günstig, und nun geht es mit vollen Segeln dem Orte zu, wo der Wal zu sehen war. Man ist ihm bereits näher und schon taucht er wieder aus dem Wasser empor. Der Steuermann, welcher mit einem langen Ruder das Boot steuert, ertheilt den Befehl, die Segel niederzulassen, den Mast umzulegen und zu den Rudern zu greifen. Alles ist Sache eines Moments. Der Harpunirer steht mit der Harpune in der Hand am Vordertheil des Bootes, jeden Augenblick bereit, sie gegen den Wal zu schleudern. Dieser ist bereits wieder unter dem Wasser, der weiße Streifen, welcher auf der Wasserfläche zu sehen ist, bezeichnet seinen Weg. Es gilt jetzt abzuschätzen, an welcher Stelle er wieder über Wasser kommen wird; ein alter Walfischfänger thut dies mit ziemlicher Sicherheit. Man nähert sich dem fraglichen Punkte so geräuschlos als möglich. Viele behaupten zwar, daß beim Wal und vorzüglich beim Pottfisch das Gehörorgan nur schwach ausgebildet sei, auch Walfischfänger haben davon gesprochen. Nichtsdestoweniger wird bei dem Fange die größte Vorsicht gebraucht, um nicht unnöthiges Geräusch zu machen. Ich meinerseits glaube, daß die Wale eben so gut hören wie sie sehen.

Der Wal kommt wieder über Wasser. Der Harpunirer wirft die Harpune. Er fürchtet, der Wurf sei ihm nicht recht gelungen. Da nimmt er die zweite Harpune, sie ist an derselben Leine befestigt wie die erste. Sobald er die zweite ergreift, bückt sich die ganze Mannschaft im Boote, denn wenn sie nicht trifft und der Wal eilig zu entfliehen sucht, fliegt sie vielleicht einem der Mannschaft an den Kopf. Doch es haben beide Harpunen getroffen und der Wal geht mit solcher Geschwindigkeit schräg unter Wasser, daß das Boot schneller als ein Dampfer durch die Wellen saust und oft zwei Matrosen genug zu thun haben, um das Wasser, welches vorn über das Boot kommt, auszuschöpfen. Die Leine läuft mit größter Schnelligkeit über die Rolle im Vordersteven, und schon sind die ersten 60 Faden, die in der vordersten Tonne lagen, fast abgelaufen. Das hintere Ende der ersten Leine lag aber von Anfang an schon zum Anschluß der zweiten bereit. Es wird schnell mit dem oberen Ende der zweiten verknüpft und so lange aus der Rolle herausgeworfen, bis der Knoten sich außerhalb des Bootes befindet. Der Steuermann, welcher Anfangs das Boot steuerte, ist bereits nach dem Wurf in das Vordertheil des Bootes gegangen und steht mit dem Messer bereit, um wenn irgend etwas passiren sollte, die Leine zu kappen. Es könnte z. B. geschehen, daß die Leine nicht reichte und der Wal das Boot mit unter Wasser nehme.

Der Harpunirer hat sich hingegen nach Hinten begeben um das Boot zu steuern. Es kommt jetzt viel auf ihn an, denn er muß das Boot dieselben Bewegungen machen lassen, wie das Thier sie unter dem Wasser ausführt, und ein Versehen von ihm oder eine Ungeschicklichkeit kann die Mannschaft (des Bootes) in die größte Gefahr bringen. Mitunter kommt wol auch eine Verwicklung der Leine vor, welche die bedauerlichsten Unglücksfälle zur Folge haben kann. Schon manch Mal ist einem Steuermann, der zufällig in die Mitte eines sich abwickelnden Tauranzes trat, der Fuß wie mit einem Messer vom Rumpfe getrennt worden. Ich selbst habe einst gesehen, wie sich ein Harpunirer gerade in dem Augenblick verwickelte, als der Fisch mit einem plötzlichen Ruck kräftig anzog und infolge dessen das Seil um den Körper des Unglücklichen sich schlang. Dieser konnte nur noch ausrufen „Nehmt die Leine weg", da ward schon sein Körper in der Mitte beinahe ganz durchgeschnitten über Bord gezogen und in den Wellen begraben. In unserem Falle wurden jedoch, dank der Umsicht unseres Harpunirers, dergleichen Störungen glücklich vermieden. Schon ist die Leine, welche sich in der zweiten und sogar die Hälfte derjenigen, welche sich in der dritten Tonne befand, ausgelaufen, und die Mannschaft beobachtet stillschweigend das noch folgende Auslaufen in der gespannten Erwartung, ob die Leine reichen wird. Denn geht der Fisch noch lange hinab, so muß die Leine gekappt werden und Wal sammt Leine sind verloren. Doch nein, die Leine läuft schon langsamer. Der Matrose, welcher dem Bootssteurer zunächst sitzt, macht mit der Leine einen Schlag um den Posten (d. i. der dicke Klotz am Hintertheile des Bootes), um sie noch langsamer auslaufen zu lassen. Endlich bemerkt man, daß die Leine ganz ihre Spannung verliert und schlaff vor dem Boote niederhängt. Sofort holt die Mannschaft so viel Leine aus dem Wasser in das Boot, bis sie straff steht; denn hieran ist zu ersehen, in welcher Richtung der Walfisch sich befindet. Steht nämlich die Leine straff nach vorn, so ist das Boot ohne Gefahr; steht sie aber senkrecht vom Boote hernieder, so befindet sich der Wal gerade unter dem Boot, und da er gewöhnlich ganz vertikal in die Höhe kommt, so muß man schleunigst hinwegrudern, will man nicht umgeworfen werden, was indeß gar nicht selten vorkommt. In der That ist die größte Eile und Vorsicht nöthig, um aus dem Bereich der furchtbaren Schwanzschläge zu kommen, mit welchen das verwundete Thier in seinem wüthenden Schmerze das Meer ringsum peitscht. Nicht nur mancher kühne Walfischjäger ward sammt dem Boot in die Luft geschleudert, auch das nahe ankernde Schiff ist bisweilen der Gefahr ausgesetzt, durch die furchtbaren Schwanzschläge des Thierkolosses zertrümmert oder arg beschädigt zu werden. Vor einer längeren Reihe von Jahren hatte sich der „Essex", ein kleiner amerikanischer Walfischfahrer nach der Südsee begeben und dort Angesichts mehrerer Wale verschiedene Harpunirboote ausgesetzt. Ein riesenhafter Wal war harpunirt, dann in die Tiefe gegangen, aber nach kurzer Zeit wieder über Wasser erschienen, wo ihm noch zwei Harpunen zugeschickt wurden. In seiner Wuth schleuderte das erregte Thier nicht allein durch einen einzigen Anprall eines der Harpunirboote hoch in die Luft, sondern beschädigte auch durch wiederholte Schwanzschläge die schwachen Planken des „Essex" in solcher Weise, daß das Wasser in das Fahrzeug einzuströmen und dieses zu sinken begann. Mit Mühe rettete die Mannschaft sich selbst und einige Mundvorräthe in die Boote und erreichte das öde Eiland „Elisabeth", wo die Verunglückten später nur noch zum Theil gerettet wurden. Dieser und zahlreiche ähnliche Fälle mahnen uns also zu doppelter Vorsicht. Glücklicher Weise haben wir selbst diesmal den schlimmsten Fall nicht zu befürchten. Denn nachdem die Leine schon wieder größtentheils in die Tonnen zurückgerollt ist, erhebt sich schon, noch in einiger Entfernung vom Boote, weißer Schaum an der Oberfläche des Wassers oder, wie der Seemann sagt „weißes Wasser", und der Wal kommt mit dem Kopf zuerst in die Höhe, um durch das „Spuckloch" einen hohen Strahl Wasser in die Luft zu werfen. Matt ist er aber noch lange nicht, und der Steuermann weiß, daß die Zeit noch nicht gekommen ist, ihm mit der Lanze, welche er bereits mit dem Messer vertauscht hatte, den tödtlichen Stich zu geben.

Zertrümmerung des Walfischfahrers „Essex" durch einen harpunirten Walfisch.

Binnen Kurzem ist der Wal wieder im Wasser verschwunden, und das Manöver mit der Leine wird abermals ausgeführt. Ja, es kann vorkommen, daß es sich noch mehrere Male wiederholt oder auch der Wal große Strecken der Kreuz und Quere auf der Oberfläche des Wassers zurücklegt, um dem Boote zu entfliehen, bis endlich die Bewegungen immer langsamer werden und er in kürzeren Pausen aus der Tiefe zurückkehrt. Nunmehr lautet der Befehl des Steuermanns „Achtung zum Lanzen!" Er steht mit der Lanze bereit, und die Leine wird diesmal ganz eingeholt, um so nahe als möglich an das Thier zu kommen; auch die Matrosen sitzen bereit, wenn nöthig zu ihren Rudern zu greifen. Jetzt kommt der Koloß in die Höhe, kaum anderthalb Meter vom Boote entfernt, der Steuermann erhebt die Lanze, und hinter die rechte oder linke Finne des Thieres stößt er sie tief nach dem Herzen hinein. Wieder geht der Wal unter Wasser, doch beim nächsten Auftauchen bläst er schon einen rothen Strahl in die Luft, denn gewaltig strömt ihm das Blut aus der Wunde hinter der Flosse. Das Wasser ringsum färbt sich purpurroth, der Blutstrahl aus dem Spritzloch wird kleiner und kleiner, noch einige harte Schläge mit dem Schwanze auf die Oberfläche des Wassers, und das riesige Thier ist verendet. Scharen von Möven kommen plötzlich von Strand und Klippen herbei, um das Ungeziefer von dem Leibe des großen Todten abzufressen. Zuweilen verendet indeß der Wal auch unter dem Wasser und sinkt unter, doch ist er dann ohne viele Mühe mittels der Leine an die Oberfläche zu holen.

Man hackt alsbald dem Fisch mittels der Axt ein Loch durch den Schwanz oder auch durch den Kopf, knüpft ein Tau hindurch, welches am Hintertheile des Bootes befestigt ist, und bugsirt so den Koloß nach dem Schiffe, welches durch Segelmanöver des Kapitäns dem Boote immer so nahe als möglich geblieben ist. An Bord, von wo aus man den glücklichen Fang beobachtet hat, ist schon Alles in der größten Thätigkeit. Die Böttcher machen im Schiffsraum die Fässer zurecht; die Zimmerleute bringen eine Stellage außerhalb des Schiffes an, worauf zwei Mann bequem stehen können; der Schmied reinigt die Kessel und macht Feuer darunter; die Matrosen endlich schaffen am Fockmast und am großen Mast Flaschenzüge in die Höhe.

Mittlerweile kommt die Bootsmannschaft mit ihrem Fange an der langen Seite des Schiffes unter dreimaligem Hurrahrufe der Schiffsmannschaft an und bringt den Wal unter die Stellage. Ist die See nicht zu unruhig, so wird der Kopf durch Spaten und Aexte vom übrigen Körper getrennt, durch Ketten an Flaschenzüge befestigt und in einem oder in zwei Stücken an Deck gehißt. Um den noch im Wasser befindlichen Körper werden vorn und hinten eiserne Ketten gewickelt und diese an die Flaschenzüge des großen und des Fockmastes befestigt. Der Speck wird von der Stellage aus von zwei Matrosen mittels scharfer Spaten streifenweise abgestochen und durch einen Flaschenzug auf Deck gebracht. Dabei wird der Wal durch die Flaschenzüge, welche am Vorder- und Hintertheile an den Ketten befestigt sind, um seine Längsachse herumgedreht, und so wird der Speck, welcher blos auf der Oberfläche des Körpers sitzt, losgetrennt, wie man einen Apfel oder eine Birne abschält. In einem langen, fast einen Meter breiten Streifen kommt der Speck an Deck, welcher je nach der Art des Fisches oder dem Alter bis zu $2/3$ Meter dick ist. Die Matrosen unter Leitung einiger Steuerleute und Bootssteurer schneiden den Speck in Stücke und werfen diese in den Kessel. Andere geübtere Matrosen zerlegen den Kopf und schälen das Fischbein heraus oder gewinnen, wenn der Fisch ein Sperm, d. i. Pottfisch, war, die Zähne, welche wie Elfenbein verarbeitet werden. Werden bei Regenwetter die Kessel nicht schnell genug bedeckt, so laufen sie über und das Schiff geräth in Brand. Geht aber Alles gut, so läuft der Thran, wie schon erwähnt, durch einen ledernen Schlauch hinab in die Fässer, welche in heißen Gegenden von Zeit zu Zeit mit Wasser bespritzt werden müssen, damit sie nicht bersten. Ist der Speck ganz vom Wal abgeschält, so überläßt man die todte Fleischmasse der See, und die Arbeit ist beendet.

Auf diese Weise wird noch heutzutage jeder Wal in der Südsee gefangen, da sich alle neueren Erfindungen, wie Betäubung durch Galvanismus und Schießen mit explodirenden Kugeln, als unbrauchbar erwiesen haben.

Im Eismeer ist der sogenannte grönländische oder gemeine Walfisch (engl. right whale) öfters auf leichtere Weise einzufangen. Es gehen immer mehrere Boote zusammen und man läßt dann so viel Leine als möglich ab; der Wal läuft unter das Eis und erstickt dort. Freilich kommt es hierbei auch vor, daß die Leine vom Eise zerrissen wird und Wal und Leine verloren gehen.

Der Ochotzkische Meerbusen, vorzüglich die Gegend hinter den Schantar=inseln in der Schantarbay ist derjenige Ort auf der Erde, wo sich immer die meisten Wale, vorzüglich der südliche oder australische Walfisch, aufhalten und wo oft an 30—40 Südseefahrer beisammen vor Anker liegen, um zu fischen. Die Boote werden dann oft auf acht Tage und noch länger verproviantirt und müssen sich weit von den Schiffen entfernen, um auf Beute zu treffen. Die Bootsmannschaft sucht sich einen Platz an der Küste, wo sie die Nacht in Zelten oder auch in alten, von den Tschuktschen verlassenen Hütten zubringen. Jeden Morgen geht es alsdann auf den Fang und nicht eher zurück nach dem Schiffe, als bis ein Wal gefangen oder Mangel an Proviant eingetreten ist.

Ein anderer Wal, welcher häufig an der kalifornischen Küste vorkommt, wird von den Südseefahrern Teufelsfisch genannt, da er den Walfischfängern seiner Gewandtheit und Kampflust wegen sehr gefährlich werden kann. Er soll, wie manche Whaler behaupten, den Schwanz bis zum Auge biegen können. Trifft man von diesem Wale die Kuh (d. i. den weiblichen Wal) und das Kalb (das Junge) zusammen an, so muß ein Boot erst versuchen das Kalb zu har=puniren, da es von der Kuh nie im Stiche gelassen wird. Ein anderes Boot harpunirt darauf die Kuh und lanzt diese zuerst, denn im umgekehrten Falle geht die Kuh gegen die Boote und schlägt diese in Stücken.

Oefters werden auch Walfische todt und in der See schwimmend gefunden; des üblen Geruches wegen, den sie verbreiten, heißen dieselben „Stinker". Ein solcher Fisch ist in der Regel einer von den Entwischten, der schon nach der Harpunirung, wie ich vorhin erwähnt, verloren gegangen sein kann. Findet ihn nun später ein anderes Boot auf, so wird er, wenn der Speck nicht schon ganz in Verwesung übergegangen ist, schleunigst an Bord gebracht, und es ist natürlich Niemand ungehalten darüber, auf so leichte Weise einen Fisch zu er=beuten. Bemerkt man dies jedoch von einem anderen Schiffe aus, dem kürzlich ein Wal verloren gegangen, so sendet man sogleich ein Boot hin, um nachzu=sehen, ob der Fisch vielleicht eine von des Schiffes Harpunen im Leibe habe, die alle des Schiffes Namen tragen. Findet sich eine solche, so muß der gegen=wärtige Besitzer den Theil des Wales abgeben, welcher noch im Wasser schwimmt, während er den bereits an Bord geholten Speck für sich behalten darf.

Was die Größe der Walthiere anlangt, so habe ich deren selbst bis zu etwa 16 Meter fangen helfen. Doch ist derjenige, dessen Thran ein französi=scher Südseefahrer 1860 nach Honolulu brachte, jedenfalls größer gewesen, er soll 160 Tonnen (amerikanische Barrel) geliefert haben, was mit Hinzurechnung

4*

des Fischbeines bei dem damaligen Preise einen Werth von 5—6000 Thalern giebt. Ein solcher Fang ist indessen eine Seltenheit. Die gewöhnlich erlegten größeren Wale haben einen Werth von 3—4000 Thalern, und wenn viele Südseefahrer behaupten, es leben noch Fische von 20,000 Thaler Werth (wovon sie fest überzeugt sind), so ist ihnen doch kein Glauben zu schenken.

Aus den heute von uns gelesenen Zeitungsnachrichten erfahren wir, daß in diesem Jahre (1870) die Ausbeute an Walthieren eine besonders ergiebige gewesen ist und daß einzelne Wale einen Ertrag von über 5000 Thalern geliefert haben. Es müssen schon ziemlich große Thiere dabei gewesen sein, vielleicht einzelne bis zu 20 Metern Länge. Einen solchen Riesenwal (65 Fuß lang) hatte man z. B. schon 1813 bei Godhavn in Grönland, einen andern desgleichen erst vor wenigen Jahren in der Pondbay (Davisstraße) erbeutet. Der größte Wal aber, von welchem man je gehört hat, ist 1849 dem Kapitän Alexander Deuchars in der Davisstraße zur Beute gefallen. Er maß 80 Fuß (etwa 25 Meter) in der Länge, die Breite seines Schwanzes von Spitze zu Spitze betrug 29 Fuß (9 Meter) und die längsten Fischbeinbarten waren 14 Fuß (4,3 Meter) lang. Doch dies nur beiläufig.

Damit übrigens der Matrose die Interessen des Unternehmers zu seinem eigenen Vortheil fördere, so erhält jeder, welcher schon auf dem Fang gewesen ist, gewöhnlich den einhundert und sechzigsten Antheil von Oel, Fischbein ꝛc. Weniger gut ergeht es Solchen, die noch nicht auf Südseefahrern, noch schlimmer Denen, die noch gar nicht auf Schiffen thätig gewesen sind. Diese bezeichnet man in New-Bedford beim Anwerben mit dem Namen green hands „grüne Hände"; sie erhalten oft nur den dreihundertsten Antheil und kommen gewöhnlich nach drei bis vier Jahren mit Schulden nach New-Bedford zurück, sie müßten denn ganz außergewöhnliches Glück gehabt haben. Außerdem werden sie noch oft genug von manchen der New-Bedforder reichen Kaufleute betrogen, wie mir selbst und vielen Andern widerfahren ist. Diese Kaufleute stecken mit Kapitän und Böttcher unter einer Decke und geben weniger Oel an, als das Schiff gebracht hat. Denn da die Fässer ungleich groß sind, so weiß der Böttcher allein genau, wie viel Oel an Bord ist. Man kann deshalb deutsche Auswanderer nicht genug warnen, sich vor den Werbern für New-Bedforder Whaler zu hüten und sich durch ein scheinbar großes Handgeld nicht bestechen zu lassen.

Hiermit schloß der Kapitän Lehmann seine Mittheilungen über den Fang der Walthiere und fügte dann auf das gemeinschaftliche Zureden aller Anwesenden noch in gedrängter Kürze einige Bemerkungen über die eigentliche Natur der merkwürdigen Wassergeschöpfe hinzu. Er knüpfte dabei an den althergebrachten Namen Walfisch an und warnte zunächst davor, sich durch diese Bezeichnung, die nach früheren, wenig richtiger Anschauungen über das wahre Wesen jener Wasserthiere herstammt, irre führen zu lassen.

Noch im vorigen Jahrhundert, sagte der Kapitän, glaubte man allgemein an die Fischnatur der Walthiere, weil sie dem äußeren Auge flossenförmige Bewegungsorgane darbieten. Ihrer eigentlichen Natur nach gehören sie jedoch nicht zur Klasse der Fische, welche kaltes Blut haben und der Lungen entbehren, sich auch in der Regel aus Eiern (sogenannten Rogen) erzeugen; die Wale sind vielmehr Säugethiere, für das Leben im Wasser bestimmt, welche natürlich zur Bewegung in diesem Elemente nicht vier Füße, wie die Landsäugethiere, sondern ähnliche Organe wie die gewöhnlichen Wasserbewohner, die Fische, haben. Man nennt sie daher auch in neuerer Zeit immer häufiger Walthiere oder Wale schlechthin und vermeidet das Wort Walfische. Daß aber die Wale nicht zu den Fischen (unter welchen es übrigens auch Riesenthiere, wie die großen Haifische, giebt) gehören, geht schon daraus hervor, daß sie gleich den Säugethieren warmes Blut, ein aus mehreren Kammern bestehendes Herz, Lungen zum Luftathmen haben und daß die Weibchen unter ihnen Zitzen zum Säugen für die Jungen besitzen. Es sind langgestreckte Wassersäugethiere, die allerdings eines sichtbaren Halses entbehren, dafür einen fischähnlichen Schwanz und ruderförmige Flossen an der Brust tragen, dennoch aber mit keiner der uns bekannten Fischarten Verwandtschaft zeigen. Ihre längliche, spindelförmige Gestalt befähigt sie sehr gut zum Schwimmen. Indem sie den sehr biegsamen, muskelreichen Schwanz, mit welchem sie auf das Wasser drücken, rudernd hin und her wiegen, können sie rasch auf und nieder steigen oder pfeilschnell in ihrem Elemente geradehin schießen. Mit den Brustfinnen, die nicht zum Fortbewegen dienen, halten sie sich, ähnlich wie die Fische, nur im Gleichgewichte. Ueber die Schnelligkeit, mit welcher sie schwimmen können, glaube ich schon vorhin mich genügend ausgelassen zu haben. An der Kopfpartie haben für uns vorzüglichen Werth die Zähne, welche bei den Potwalen, Schnabelwalen und Delphinen kegelförmig gestaltet und sowol krumm wie gerade sind, bald nur im Unterkiefer, bald in beiden Kiefern sitzen; Narwale haben auch lange, gewundene Stoßzähne. Bei den eigentlichen Walen (sogenannten Walfischen) finden sich im ersten Alter sehr kleine Zähne, welche sich später verlieren und im Oberkiefer durch sogenannte Barten ersetzen. Diese Barten, deren Hornmasse das uns so wichtige Fischbein liefert, sind schwachgekrümmte Hornplatten von Gestalt der gewöhnlichen Sensenklingen. Ein Glattwal besitzt etwa 600 Barten, von denen einzelne über 4 Meter Länge erreichen. Trotz dieser ansehnlichen Ausrüstung des Mundes haben die riesigen Walfische doch einen so engen Schlund, daß sie sich nur von kleinen Seethieren oder auch von ganz kleinen Fischen nähren, welche sie zwischen ihren Barten gleichwie in Reusen einfangen. Da sie diese Nahrung nicht durch Kauen verkleinern, so haben sie zur entsprechenden Verdauung einen aus vier Abtheilungen zusammengesetzten Magen, welche bei dem Verdauungsprozesse angemessen in einander greifen.

Die zur Blutbildung nöthige Luft athmen die Wale übrigens nicht durch die Mundöffnung ein, sondern durch Mündungen des Nasenkanals, die sogenannten Spritzlöcher, welche oben auf dem Scheitel sich befinden. Wenn ein Walthier ruhig dahinschwimmt, so ragt nur der obere Theil des Kopfes oder Rückens aus dem Wasser hervor und sie athmen dann langsam die Luft durch die freiliegenden Spritzlöcher ein, aus welchen sie von Zeit zu Zeit das zufällig in ihren Rachen gedrungene Wasser in Form eines dichten Staubregens auswerfen.

Was die Sinnesorgane betrifft, so läßt sich zwar über Geschmack und

Geruch dieser Wassersäugethiere nichts Sonderliches angeben; Gesicht und Gehör scheinen aber bei ihnen sehr gut entwickelt zu sein. Die Augen, verhältnißmäßig klein, sitzen dicht hinter und über den Mundwinkeln, sie sind durch einfache Lider geschützt und vermöge ihrer inneren Einrichtung befähigt, beträchtliche Wasserschichten mit ihrer Sehkraft zu durchdringen. Aeußere Ohren fehlen den Walthieren, welche auch Geräusch außerhalb des Wassers nur schwer vernehmen; so werden sie z. B. durch Schüsse, in ihrer Nähe abgefeuert, kaum gestört. Dagegen werden alle direkten Erschütterungen des Wassers, z. B. selbst schwache Ruderschläge auf das Wasser, von ihnen noch in ziemlicher Entfernung verspürt. Hichtsichtlich des äußeren Gefühles sind sie z. B. sehr empfindlich gegen Witterungswechsel und andere Einflüsse, welche sie mitunter in große Unruhe versetzen; sie tummeln sich alsdann lebhaft im Wasser umher, peitschen die Oberfläche desselben mit weit schallenden Schwanzschlägen und schnellen sich in gewaltigen Sätzen daraus hervor.

Bemerkenswerth ist die Liebe der Walthiere zu ihren Jungen, von welcher schon Aristoteles Rühmliches zu erzählen wußte. In neuester Zeit hatte der berühmte Walfischjäger Kapitän Scoresby einst einen jungen Wal, der hinter seiner Mutter herschwamm, getödtet. Da umschlang die Alte den Leichnam mit ihren Flossen, wie eine Mutter ihr Kind in den Arm nimmt, und tauchte damit unter, schnell davonschwimmend. Plötzlich kam sie mit dem Jungen wieder zur Oberfläche, schoß wüthend hin und her, griff das Boot nach allen Richtungen an und bezeigte deutliche Zeichen des heftigsten Schmerzes. Ja, die Sorge für das Junge ließ sie alle Rücksichten auf die eigene Gefahr vergessen. Nach mehreren fruchtlosen Versuchen gelang es, sie zu harpuniren, aber auch da hatte sie kein Acht auf sich selbst, sondern heftete sich fest an ihr Junges, bis die Todeslanze ihrem Schmerze ein Ende machte.

Auch der Trieb zur Geselligkeit und zum Wandern, oft in großen Herden, ist bei manchen Walthieren, wie bei den Potwalen beobachtet, die in Folge des Bedürfnisses nach reichlicherer Nahrung sehr weite Reise unternehmen; die sogenannten Buckelwale sollen z. B. binnen kaum sechs Wochen die ungeheure Entfernung von einem Pol zum andern durchmessen.

Die rechten Walfische halten sich paarweise zusammen und zeigen große Neigung zu einander; das Männchen benimmt sich tapfer und todesmuthig in der Vertheidigung seiner Gefährtin. Als ich einst bei der Verfolgung eines Walpaares zunächst das eine Thier, es war die Kuh oder das Weibchen, harpunirte, lieh ihm das Männchen jeden Beistand. Schwer getroffen sank das Weibchen unter seinen Wunden, da wollte ihr treuer Gefährte den Verlust nicht überleben, sondern streckte sich über das erschlagene Weibchen und theilte nun, ohne weiteren Widerstand zu leisten, deren Geschick. — So können wir Menschen selbst an diesen harmlosen, nur wenig begabten Wasserthieren ein Beispiel der Liebe und Treue uns nehmen.

Hier endete der Kapitän Lehmann seinen interessanten Vortrag; es war schon spät geworden und die Trennungsstunde hatte geschlagen. So ging denn die Gesellschaft unter vielem Danke an den liebenswürdigen Gast und mit besten Glückwünschen für seine weiteren Fahrten für heute aus einander.

In den Fruchtgärten der Westtropen.

Schilderungen von Franz Engel.

I. Von den Orangen.

Die Orangen sind zwar keine tropischen, vielmehr subtropische Baum- und Strauchgewächse, deren Heimat eben sowol und ursprünglich in der gemäßigten Zone, als innerhalb der Wendekreise liegt. Dennoch aber gehören sie nunmehr als naturalisirte Einwohner dem äquinoktialen Amerika so eigenthümlich an und sind mit dem landwirthschaftlichen Gepräge wie den Lebensgewohnheiten des Tropenmenschen so verwachsen, daß sie, wie die Orangerien in alle exotischen Glashaus- und Parkanlagen unserer nordischen Heimat, uns auch einführen mögen in die Hesperidengärten der Aequatorsonne.

Die Geschichte dieser herrlichen Pflanzenfamilie, deren sämmtliche Gruppen die Botanik nach dem natürlichen Systeme unter dem Namen Citrus zusammenstellt, verliert sich in vollständiges Dunkel, aber der Wuchs und die Schönheit der Belaubung, die Anmuth der Blumen und deren würziger Duft, die glühende Farbe und die vortrefflichen Eigenschaften der Früchte, wie die beständige Frische und Fröhlichkeit ihrer Erscheinung war schon in grauer Vorzeit von den Bewohnern der Erde gepriesen, bevor noch die Geschichte ihre ersten Blätter schrieb. Der Sage folgend berichtet Diodorus von Sizilien, daß Hesperus und Atlas, zwei mächtige und reiche Brüder, im fernen Westen Afrika's wohnten und daß eine Tochter des Hesperus, genannt Hesperis, ihren Oheim Atlas heirathete; drei Töchter entstammten dieser Ehe, genannt die Hesperiden oder Atlantiden, in deren paradisischen Gärten sich zuerst diese goldnen Aepfel fanden.

Ovid und Virgil singen ebenfalls von den Gärten der Hesperiden in den Staaten des Atlas. Aeltere Schriftsteller des Alterthums geben als ursprüngliche Heimat der Orangen die Wälder Mediens an. Jedenfalls waren verschiedene warme Erdgebiete mit verschiedenen Arten von Orangen von der Natur bedacht worden. Von den Arabern in alle Regionen ihres mächtigen Reiches verpflanzt, folgten sie bald nach Entdeckung Amerika's den Kolonisten in das neue Hesperien des fernen Abendlandes.

Wald, Wald — und endloser Wald deckt die Meeresküste, die mächtigen Gebirgsketten, die Bodenflächen tiefer Niederungen, die Ufer der wasserreichen Ströme und der kleinen Binnengewässer. Unten an der Küste, oben auf den Bergen, an den fließenden Wassern, auf Hügeln und in Thälern: überall legt der Kolonist die Axt an den Riesenbau des Waldes, schlägt Bresche auf Bresche und öffnet den Sonnenstrahlen die Bahn zu dem dunklen Schattengrund. Hütte und Haus steigt aus den Trümmern der Waldsäulen auf; die Aschdecke, welche die verzehrende Flamme ringsum zurückließ, schmückt sich mit dem üppigen, saftstrotzenden Grün der Felder und Gärten; im Luftzuge flüstert das lichte, seidene Bananenblatt, die heiße Sonne reift den süßen Krystall des Zuckerrohrs, ernst, dunkel und fruchtbeladen steht regungslos der Kakaobaum am rauschenden Waldbach, und neben dem Tamarindenbaume mit leichtbeweglichem Fiederblatt und dem Blattschopf tragenden Melonenbaume gesellt sich zu der einsamen Menschenhütte in dem immergrünen Palmenthal und unter dem ewigen Himmelsblau der dunkelglänzende, schneeweiß und golden von Blumen und Früchten durchwirkte Apfelsinenbaum.

Zur Ruhe neigt sich der Tag; hinter dem waldumkränzten Hügel sinkt in dem gold- und purpurflammenden Firmament heiß die Sonne unter. Die Stirne tief umschattet von dem breitumrandeten Panamahut, das große Säbelmesser — die Machette — in der Hand, durchglüht und nach Kühlung lechzend, tritt der Feldarbeiter oder der vorüberziehende Gast in den kühlen Schatten des dichtbelaubten Naranjobaumes, nimmt den Hut vom Kopfe, weht sich Kühlung zu, und streckt die Hand aus nach dem goldnen Apfel im dunklen Laube und läßt den süß-säuerlichen Saft begehrlich auf die trockne, lechzende Zunge träufeln.

Darum liebt der Mensch der heißen Tropensonne den Baum seines erquickenden Fruchtsaftes, seines kühlen Schattens halber, dann aber auch wegen seines schönen Wuchses und des würzigen Duftes und der Anmuth der Blumen; darum findet, wo die Tamarinde, die Banane und die Papaya im Winde flüstert, seine heimische Stelle auch der Apfelsinenbaum (Citrus aurantium R. oder Naranjo (sprich naráncho) dulce der Einwohner.

Alle Schriftsteller, welche diesen Baum erwähnen, kommen darin überein, daß er ursprünglich aus den südlichen Provinzen China's und den Inseln des Stillen Ozeans stamme. Die Mehrzahl der Berichte stimmt darin überein, daß er von den Portugiesen nach Europa gebracht sei. Ein nahrhaftes und feuchtes Erdreich begünstigt sein Gedeihen in hohem Maaße; er wächst zwar überall, aber zeigt in seinem Aeußern, wie in der Menge und Güte der Früchte merkliche Unterschiede je nach dem Boden, in welchem er wurzelt. In der ersten Jugend ist er zärtlich und empfindlich gegen die leichteste Verletzung. Bis zu einer Höhe von 1900 Meter über dem Meeresspiegel findet er gesundes und rechtes Gedeihen, aber die Güte seiner Früchte nimmt in dem Maße ab, als er über die heiße Zone hinaufsteigt. In der heißen feuchten Tropenatmosphäre schreitet seine Entwicklung am üppigsten und schnellsten fort; mit dem fünften und sechsten Jahre trägt er daselbst die erste Frucht; in der kühlen Gebirgsluft entwickelt er sich langsam; es vergehen acht bis zehn Jahre, bevor er Früchte ansetzt, und mit wachsender Bodensteigung erzeugt er überhaupt keine Früchte mehr. Seine Lebensdauer durchmißt mehrere Menschengenerationen.

Es giebt einige vierzig verschiedene Apfelsinenarten, die theils durch die Kultur entstanden, also nur Varietät, d. h. Abarten, theils ursprüngliche Arten sind. Werth und Geschmack der Früchte dieser verschiedenen Arten und Abarten weichen wesentlich von einander ab; äußerlich unterscheiden sie sich in der mehr runden oder ovalen Form, in der dickeren oder dünneren, glatten oder rauhen Schale, der Farbe des Fleisches, in den Kernen und anderen Zeichen mehr. Der Stamm des Baumes strebt 3 bis 4 Meter schlank aufrecht in die Höhe, bevor er sich verzweigt; in den Winkeln der ovalen oder verlängerten, meistens ganzrandigen, zuweilen gezähnelten Blätter, deren Stiele mehr oder minder große flügelartige Ansätze tragen, stehen die weißen, würzig duftenden Blumen in Büscheln zusammen. Der Baum steht fast immer in allen Vegetationsstufen, trägt fast das ganze Jahr hindurch Knospen, Blumen, unreife und reife Früchte zu gleicher Zeit; die Fruchtschale ist mit kleinen konvexen Drüsen durchtüpfelt, die mit ätherischem, d. h. verflüchtigendem Oele gefüllt sind. Da die Frucht mehr dem Genusse und der Annehmlichkeit, als dem wirklichen Nutzen und Bedürfnisse der Haushaltung dient, so wird der Baum nicht so allgemein angepflanzt, als andere werthvollere Glieder der großen Orangenfamilie. Was aber würden unsere jungen Freunde der süßen, aromatischen Apfelsinenfrucht dazu sagen, wenn sie die Früchte wie unreife und verfaulende Aepfel am Boden herum liegen sähen? Der Eingeborene, sehr mäßig im Genuß der Früchte, streckt nur selten die Hand nach den goldenen Hesperidenäpfeln aus, und dann genießt er sie nur des Vormittags, weil er den Obstgenuß nach Mittag für schädlich, und je später der Tag, um so schädlicher hält. Die Orangen aber, wie alle Früchte mit s ä u e r l i c h e m und s a u r e m Safte, sind der Gesundheit weniger nachtheilig, in mäßiger und verständiger Weise genossen sogar dienlich, kühlend und blutverdünnend, während die süßen, meist dickfleischigen, blähenden und schwerverdaulichen Obstarten allerdings zu großer Vorsicht Veranlassung geben. Mit dem Apfelsinenessen habe ich es daher, offen gestanden, nicht so genau gehalten, wie der furchtsamere Theil der Bevölkerung und, im Vertrauen gesagt, mich am Morgen, Mittag, Abend und sogar in der Nacht gelabt an dem aromatischen, erquickenden Safte der goldenen Aepfel, die wie Bälle zu meinen Füßen kugelten; und niemals hat mir die Apfelsine ein Leid angethan.

Des schattenlosen, rothstaubigen Weges daher treibt der Arriero (der Maulthiertreiber) die schwer belasteten, keuchenden Maulthiere; er jubelt, als das Ziel der Tagereise, die Herberge am Wege, Weide und Schatten verheißend, vor seinem brennenden Auge auftaucht in dem flußdurchspülten, grünen Thal. Im Schatten des rund und voll bewipfelten, dunkellaubigen **Pomeranzenbaumes** läßt er die geplagten, nützlichen Thiere halten und sich verschnaufen. Dann löst er den Gurt und hebt die Last von dem gedrückten und wundgescheuerten Rücken; schmerzvoll zuckt das geduldige Saumthier zusammen, als, festklebend an Blut, Eiter und Schweiß, der Sattel und die Schweißkissen sich gewaltsam lösen von der empfindlich-gereizten Haut; hier und da ist die Haut durchscheuert und löst sich in Lappen von der brennenden, entzündeten Wunde; blutige Streifen, Beulen und Geschwüre zeugen von der Qual, die das arme Geschöpf unter seiner Bürde geduldig ertragen mußte. Dort wieder tritt ein verletzter Huf hinkend und furchtsam auf; die ganze Herde aber, als sie entfrachtet und entsattelt, wälzt sich mit wahrer Begierde auf dem Rücken an den Boden, den Reiz und den Druck der Haut abzureiben an dem scharfen Sande.

Der Arriero schlägt ein halbes Dutzend der sauren oder bittern Pomeranzenfrüchte vom Baume, durchschneidet sie mit dem Hüftmesser und preßt den Saft über dem Rücken seiner Saumthiere aus, wäscht und ätzt mit demselben die eiterigen Wunden aus, kühlt den heißen, schmerzenden Huf, und treibt dann nach dieser Erfrischungs- und Heilungsverrichtung die hungrigen Thiere in die fette Weide, welche sie dreifach verdient mit Arbeit und Qual. Vom Sattel eines der Thiere aber hebt sich matt und schwach ein hagrer, bleicher, hinfälliger Reiter: langsam schleicht er in den Schatten des Pomeranzenbaumes und wirft sich erschöpft und doch mit glühend-rollendem Pulse auf eine Palmenmatte, die der Arriero von einer der Lasten geschnürt und über den Boden gerollt hat. Fieberkrank athmet und lechzt der Reisende nach Luft und Kühlung und winselt unter der Glut und den entsetzlichen Schmerzen, die sein Gehirn durchwühlen. Auf ein Zeichen des Arriero nimmt die Frau des Hauses ein paar Pomeranzen vom Boden, preßt den sauren Saft in ein Gefäß mit Zuckerwasser und reicht dem wimmernden Kranken ein Glas voll der erfrischenden Limonade, die er begierig und dankend hinunterstürzt. Und wieder kommt die mitleidige Frau von Zeit zu Zeit mit einem Glase und reicht dem Kranken einige kühlende Schlucke, bis die zerfressende Glut sich gelegt, die hirnverwirrenden Schmerzen ausgetobt haben, und ein tiefer Schlaf die eingesunkenen Augen deckt.

Arzt, Wohlthäter, Segenspender für Mensch und Thier ist der Pomeranzen- und der Citronenbaum, und daher wächst mit der Hütte zugleich aus dem gelichteten Wald der eine, wie der andere Baum empor. Der Pomeranzenbaum ((Citrus Bigaradia R. — Naranjo agrio oder Amargo der Einwohner) wird gewöhnlich nicht ganz so hoch, wie der Apfelsinenbaum; seine Blumen aber sind größer und strömen einen kräftigeren und würzigeren Duft aus; die Früchte sind dunkler, mehr roth gefärbt, und auch die Blätter haben einen aromatischeren Geschmack, als die der übrigen Orangen. Die Sage sucht seine Heimat in dem Westen Afrika's, dem Garten der Hesperiden; der goldene

Apfel, den Herkules nach Griechenland brachte, soll die Frucht dieses Baumes gewesen sein. Geschichtlich ist, daß die Araber ihn aus den Umkreisen oberhalb des Ganges über ihr gesammtes weites Gebiet verpflanzt haben; am Ende des zwölften Jahrhunderts durchströmten seine würzigen Düfte bereits die milden Lüfte der Gärten von Sevilla. Weniger empfindlich gegen äußere Einflüsse, als der Apfelsinenbaum, verursacht seine Aufpflanzung fast gar keine Mühe und Pflege; die verschiedenen Arten und Abarten, einige dreißig an der Zahl, unterscheiden sich in der Form und Größe der Frucht, in deren Schale, ob dieselbe weicher oder härter, ob dunkler oder heller, namentlich aber in dem Safte, der theils durchdringend sauer, theils bitter schmeckt. Alle diese Arten reifen ihre Früchte, die dem Hausstande vielseitigen Nutzen gewähren, fast das ganze Jahr hindurch; man wendet sie an zum Reinigen der Wäsche, zum Beitzen, zur Vertreibung des Ungeziefers; man extrahirt das ätherische Oel aus der Schale, worin es in kleinen konvexen Bläschen liegt, wie aus den Blüten und Blättern, und mischt es den Getränken und Speisen, den kühlenden Limonaden und Heiltränken bei, eben so wie es mit dem frischen Safte geschieht; die Wunden der Hausthiere werden mit dem scharfen Safte gereinigt und geätzt, die Hufe der Pferde und Maulthiere sucht man durch fleißiges Waschen damit zu härten und unverletzbar zu machen. Der gesammten Haus- und Volkswirthschaft hat sich die Pomeranze unentbehrlich gemacht.

Diesen Nutzen und die gleiche Bedeutung theilt mit dem Pomeranzenbaum der Citronenbaum (Citrus limonium — Limon der Einwohner); ja, sein Produkt überbietet das des andern insofern noch an Werth, als es bereits der gesammten civilisirten Welt, Süd und Nord gleich unentbehrlich geworden; kein Hausstand meint sich der Citrone noch entäußern zu können. Den Geschichtschreibern des Alterthums war jedoch der Baum noch nicht bekannt geworden. Die berühmten Khalifen, die vom südlichen Asien bis zu den Pyrenäen ihre Macht ausdehnten und überall Kenntnisse ihrer Heilkunde und des Ackerbaues ausbreiteten, verpflanzten auch diesen nützlichen Baum in alle Regionen ihres weiten Reiches. Am Ende des elften Jahrhunderts wurde er von den Kreuzfahrern nach Sizilien und Italien gebracht. Der Wuchs des Citronenbaumes ist wesentlich verschieden von dem oben genannten Pomeranzen- und Apfelsinenbaume; sein Stamm, viel kürzer und dünner, ist bei vielen Arten von unten auf verzweigt, so daß der Wuchs mehr strauchartig, als baumartig erscheint; die dünnen, biegsamen Zweige sind bei einigen Arten gestachelt, bei andern unbewaffnet; die Blattstiele der ovalen und oblongen, meistens gezähnelten Blätter, sind einfach gerändert, ohne flügelartige Ansätze: in den Winkeln der Blätter stehen die mittelgroßen Blüten, äußerlich röthlich, innen weiß gezeichnet; die klargelben Früchte haben meistens eine oval-oblonge, selten runde Form und eine glatte, rauhe oder gebuchtete Schale, die sich mehr oder minder an dem obern Ende zu einer auslaufenden Spitze verdickt. Der Fruchtsaft aller Arten ist sehr sauer, die kleine Oeldrüse in der Schale konvex. Die einige vierzig Citronenarten, verschieden in Größe und Form, mehr oder minder durchdringend sauer, gewähren dem Menschen überall den mannichfachsten Nutzen.

Weniger deutlich, als zwischen den angeführten Orangearten, ist der Uebergang von dem Citronenbaume zu dem Cedratbaume (Citrus medica R. — Cydra der Einwohner). Die wesentlichsten äußern Unterscheidungsmerkmale sind die kürzeren, straffen und durch einander gewirrten, zuweilen sehr lang gestachelten Zweige, die dicht gestellten Blätter und die sehr viel größeren, ausgebuchteten, in ihrer Form sehr abweichenden Früchte mit wenig saurem, zuweilen geschmacklosem und fast saftlosem Fruchtfleische. Die geschichtliche Kenntniß der Cedratfrucht reicht bis mehrere Jahrhunderte vor Christi Geburt hinab; Plinius gab dem Baume bereits den Namen Citrus, der nunmehr der Geschlechtsname der gesammten Orangenfamilie geworden ist, obgleich die römische Sprache mit jenem Worte einen harzigen Baum benannte. Als seine ursprüngliche Heimat bezeichnet die älteste Geschichte Persien und Medien; Theophrast nannte die Cedratfrucht den Apfel von Medien; der Baum war ihm unbekannt geblieben; Griechen und Römer kannten die Frucht lange Zeit, ohne von dem Baume irgend eine Kenntniß zu haben. Spätere Ueberlieferungen lassen den Baum von Persien in die Gärten von Babylon und von hier nach Palästina eingewandert sein, wo er bei dem Laubhüttenfeste der Juden eine hervorragende Rolle spielte. Von Kleinasien wanderte er weiter nach den benachbarten Ländern, nach Griechenland, den Inseln des Archipels, nach Sardinien, Corsika und den Grenzlanden des Mittelmeerbeckens.

Etwa zwanzig verschiedene Cedratarten geben ein in der äußern Gestalt sehr von einander abweichendes Fruchtprodukt; meistens sind die Früchte rund geformt mit vielen Aus- und Einbuchtungen in der Fruchtschale; einige Fruchtarten haben die Größe eines Kinderkopfes; aus der dicken Fruchtschale werden Konfitüren (Cibronate) bereitet. Der Name Cydra hat für den Hausstand, den Arzneischatz und den Ackerbau einen gleich wichtigen Klang; der Hausstand bemächtigt sich der dicken, schwammigen Fruchtschale, der Arzneischatz verwerthet Schale und Fleisch der Frucht, welche gegen Magen- und Unterleibsübel tonisch, d. h. beruhigend und schmerzstillend wirken sollen; dem Landmanne sind die ruthenförmigen, sich unentwirrbar durch einander schlingenden Zweige werthvoll zur undurchdringlichen Einhegung seiner Fruchtfelder und Pflanzungen, die neben ihres Schutzes zugleich den Nutzen der Früchte gewähren. Sowol aus Kernen wie aus Stecklingen wachsen solche Hecken rasch heran und bedürfen keiner andern Pflege, als Hütung vor Unkraut, bis die Triebe groß genug geworden sind, sich selbst gegen die Unterdrückung fremden Pflanzenwuchses zu schützen.

Der Limettenbaum (Citrus limetta R. — Limon der Einwohner), gleicht in Wuchs und Belaubung dem Citronenbaume; seine kleinen Blumen sind weiß und haben einen ihnen eigenthümlichen süßlichen Geruch; die Früchte sind verschieden groß, oval oder gerundet und zugespitzt; die kleinen Oeldrüsen der Fruchtschale sind konkav; das Fruchtfleisch schmeckt meistens fade und süßlich oder leicht bitterlich. Das tropische Amerika kennt aus dieser Gruppe nur die süße Citrone, Limon dulce, deren hellgelbes Fruchtfleisch von vielen feinen Häutchen durchzogen ist und wie eine Zusammensetzung aus vielen kleinen klaren Krystallen erscheint; es ist wenig saftig und schmeckt nüchtern-süßlich.

Der **Lumienbaum**, sogenannte Kommandantenapfel (Lumia pyriformis R.) trägt sehr große, aber leichte, birnförmige Früchte mit glatter Schale; das Fleisch ist grün, wenig saftig, mehr süß, man unterscheidet zehn Arten.

Die **Pompelmuse** (Citrus Pompelmos R. — Naranja china der Einwohner) ist die größte von allen Orangefrüchten und wird von einigen Botanikern für die Stammpflanze des ganzen Tribus gehalten. Man unterscheidet etwa sechs Arten. Der Baum ist zuweilen gestachelt, von großen Blättern dicht belaubt, deren Stiele große, flügelartige Ansätze tragen. Die Blumen sind ebenfalls größer als alle anderen Orangeblumen, die Früchte ganz wunderlich und launisch gestaltet, bald rund, bald birnförmig, bald höckrig, bald glatt; die blaßgelbe Schale, von flachen oder konvexen Oeldrüsen durchtüpfelt, hat ein dickes, trocknes, schwammig-biegsames, weißes Mark, das grünliche und saftige Fruchtfleisch einen süß-bitterlichen Geschmack oder es ist ganz geschmacklos. Eine besondere nützliche Verwendung findet der Baum nicht; er wird daher auch nur selten angepflanzt; seine ursprüngliche Heimat ist China.

So sehr auch ihr Typus und ihre Eigenschaften die Orangenfamilie als echte Pflanzenkinder des warmen Süd kennzeichnen, so schmiegt sie sich doch zäh und lebenskräftig bedeutenden Temperaturschwankungen und sehr unterschiedlichen klimatischen Verhältnissen an; sie läßt sich über einen breiten Gürtel von über 40° nördlich und südlich vom Aequator verpflanzen; eine gute Frucht aber erzeugt nur der warme Erdgürtel und eine von warmem Wasserdunst geschwängerte Atmosphäre; daher wird ihre Kultur immer auf fruchtbaren Inseln südlicher Meere die besten Erfolge erzielen. Die Bäume im freien Lande widerstehen sogar dem Reife und kurzem, geringen Froste; die verzärtelten Treibhauspflanzen aber besitzen diese Widerstandsfähigkeit nicht mehr. In China und Madagaskar, wie in den Wäldern des äquinoktialen Amerika wachsen noch mehrere den Citreen angehörige Arten, die noch nicht sämmtlich bekannt, wenigstens noch nicht bekannt gemacht sein werden.

Der Tropenamerikaner hängt mit Zärtlichkeit an den Orangebäumen und betrachtet sie durchaus als Urbewohner seines Landes; nur der Pompelmuse, der Naranja china, räumt er ein fremdes Vaterland ein und nennt sie selbst eine Ausländerin. Die Pomeranzen- und besonders die Citronenarten genießen das meiste Ansehen und Lieblingsrecht unter den zahlreichen Orangegruppen, und unter ihnen wieder hat vorzugsweise der kleine Limon, Citrus limonium sylvaticum, ein Strauchbaum, die weiteste Verbreitung — bis zur Verwilderung — gefunden; er genießt mit vollem Rechte diesen Vorzug, denn er ist den Bewohnern entlegener Ländergebiete, die häufig den nothwendigsten Hülfsmitteln entrückt sind, von unberechenbarem Nutzen. Schritt auf Schritt folgt er der vordringenden Kultur in ihren schwach ausgetretenen Fußstapfen nach, und wo eben die erste nothwendigste Nahrungs- und Futterpflanze aus dem der Wildniß abgerungenen Boden aufwachsen mag, wird auch alsbald der Limonenstrauch seine gestachelten, hartholzigen, gesättigt-dunkelgrünen Ruthensprossen aus der Erde treiben. Frucht, Blüte, Blatt und Busch spenden alle gleich dem Menschen Nutzen und Vortheil, ohne von ihm mehr als die geringfügigsten Gegendienste zu verlangen. Keine künstliche Umzäumung kann Haus und Hof so sicher und fest umhegen, als die gut angewachsene Limonhecke; ihre hornharten, spitzen Stacheln und fest durch einander geschlungenen Ruthenzweige weisen jeden Angriff ab; vergebens mag selbst der starke Stier mit seinem mächtigen Genicke gegen die grüne Mauer anrennen oder irgend ein Nager seinen Zahn gegen die starrenden Dornwaffen wetzen. Nur der Mensch mit der Gewalt des Eisens oder der beschwingte Vogel, wird sich Eingang verschaffen können zu dem umschlossenen Gehege; überdieß schreckt die Schärfe seiner Säure und der ätherischen Oele allen Nachstellungen der zahllosen zerstörenden Freß- und Nagewerkzeuge zurück, die so vielen Gewächsen verderblich sind.

Die Anlage der Hecken geschieht durch Aussamung; die kleinen Samenkerne werden dicht in eine 3—5 Centimeter tiefe Rille rings um das zur Umzäunung bestimmte Land eingestreut; nach etwa zwei bis vier Wochen keimt der Same; die jungen aufsprossenden Pflanzen bedürfen zunächst einer sorgfältigen Behandlung und Pflege, müssen fleißig bewässert oder begossen, frei und luftig von Unkraut gehalten werden; in den ersten Jahren schreitet das Wachsen nur langsam fort, später aber schießen sie schnell und fröhlich empor. Scheere und Messer meistern den Wuchs so wenig wie möglich, und sobald die jungen Pflanzen erstarkt sind, werden sie sich selbst überlassen.

Einen anmuthig-schönen Rahmen um das grüne, üppig-tragische Pflanzenfeld bildet die Limonhecke, wenn sie in ihrer ganzen Ausdehnung durchflochten ist von weißen, duftenden Blumen und goldgelben Früchten, und über diesem unverwelklich-frischen Bilde und Rahmen wölbt sich eben so unvergänglich blau und heiter der Himmel, von welchem eine Fülle des Lichtes aus lebendig-glänzender Sonne und weiß-leuchtenden Sternen ausströmt über den schwellenden Fruchtschoß der Erde. Die eigroßen, länglich-runden Limonfrüchte werden eben so verwerthet, wie die sauren und bittren Pomeranzen; die Defokte aus Schalen, Blüten und Blättern wendet der einsame Landmann zu Heilmitteln bei klimatischen Krankheiten an; das durchhitzte Blut findet in dem Gemenge des Limon- und Zuckerrohrsaftes, welches die weise Natur auf einem und demselben Boden bereitet, eine tägliche Erfrischung und Verdünnung.

Wo immer auch ein einsames Limongebüsch am Wege, im Walde, am schroffen Abhange, im verdorrten Savanengrase oder an dem Ufer eines kaum besuchten Flusses straff und bewegungslos seine würzigen Düfte aushauche, da möge der Wandrer eine kurze Weile rasten, seine heiße Stirne kühlen, die trockne Zunge netzen. Denn sicher ist, daß einst menschliche Stimmen an das dunkelgrüne Laub anschlugen und Mais- und Bananenfelder den wilden Plan umstanden, der, nunmehr wieder der Wildniß und Einsamkeit zurück gegeben, nur noch durch das regungs- und bewegungslose, duftende Limongesträuch Kunde giebt von dem flüchtigen Kommen und Schwinden der Menschengestalt.